KB028250

두달 안에 아픈 곳이 나아지는

맨발걷기의 기적

두 달 안에
아픈 곳이 나아지는

맨발걷기의 기적

박동창 지음

단순, 용이, 무비용의
세상에 없던 새로운 건강 추구방식

수명 100세 시대에는 살아 있는 동안 건강하게 살고 싶은 것이 우리 모두의 염원이다. 그러나 사람의 건강문제는 모든 사람의 관심사이면서도 누구도 그를 완벽하게 관리하는 방법은 잘 모르는 블랙박스와도 같은 존재이기도 하다. 인류가 진화하는 동안 인간이 추구해온 몸의 건강한 유지와 보존을 위한 노력들은 수많은 질병과 노화로 인해 번번이 좌절을 맛 볼 수 밖에 없었다.

동양에서는 오감을 통해 인체의 신비를 직접 느끼면서 통찰력을 통해 전일적인 방식으로 인간의 몸을 이해하여 왔다. 기(氣)의 움직임 등으로 표현하면서 몸을 알려고도 하였다. 반면, 서양에서는 분석적인 방법으로 인체의 블랙박스를 드려다 보고 그 안의 DNA 분리 등 과학적인 접근을 시도하였다.

전자는 비제도권의 방법으로 전래되어 온 반면 후자는 제도권에서 과학이라는 이름으로 큰 성공을 거두어 왔다.

2015년 1월 오바마 대통령은 연두교서에서 오늘 태어나는 아이들은 120세의 수명을 누리게 될 것이고 암, 당뇨 등의 질병으로부터 벗어나는 삶을 살게 될 것이라고 선언하였다. 게놈 정보와 그 속의 변이들을 알게 되면 인류의 숙원인 무병장수의 꿈도 현실로 곧 다가온다는 것이다.

인간의 유전자 정보를 개개인의 질병기록과 비교하여 무병장수에 도전하는 정밀 맞춤의학이 시작됨을 선포한 것이다. 이것은 제도권의 최근 몸에 대한 과학적 정보추구의 진전된 결과이다.

반면에 몸의 보존과 유지에 대하여 전혀 다른 접근을 시도해 온 수많은 비제도권의 방식들이 존재하고 있다. 생태계 일반을 두루 관통하고 있는 우주적 생명력인 기(氣)를 다스리는 각종 가르침과 운동은 물론 자연치유에 관한 수많은 전래 요법 등이 그러하다.

문제는 위와 같은 유전자 분석기술과 암의 생존률 개선 등 질병의 치유를 위한 제도권 내의 비약적 발전이 지속되고 있고 또, 비제도권에서 전래되어 온 수많은 자연치유 요법 등이 상존함에도 불구하고 인간의 삶에 수반되는 생(生)·노(老)·병(病)·사(死)의 한계를 벗어 날 수 있는 근원적인 해법에 이르기에는 아직 시간이 더 필요해 보인다. 갈수록 늘어만 가고 있는 암, 당뇨, 심혈관질환 등 치명적인 질병을 가진 환자들의 숫자가 줄기는커녕 갈수록 늘어만 가고 있기 때문이다.

본서에서 저자가 제시하는 숲길 맨발걷기의 해법은 그러한 우리 인간이 당면하고 있는 어쩔 수 없는 현실의 한계를 극복하기 위한 '세상에 없던' 새로운 시도이다. '신발을 벗고 맨발로 숲길을 걸으면 된다.'는 실천이 매우 단순하고 쉬운 새로운 건강추구방식이라는 점에서도 그러하다. 그리고 앞서 이야기한 인체의 블랙박스를 조물주의 설계도로 해석하고, 또 그 설계도에 따른 근원적인 인간생명의 작동원리이자 운영기제(operation mechanism)로서의 삶의 방식으로 숲길 맨발걷기의 의미를 찾아간다는 점에서도 그러하다.

특히 본서의 마지막 부분에서 맨발로 걷고 뛰도록 한 유치원이나 초등학교의 학생들에게 나타난 집중력의 강화나 사회성의 확장, 또 청장년층이 갖는 사회생활에서의 스트레스로 발생되는 심인성 질환의 해소 그리고 노년기의 사람이 건강하고 아름다운 삶을 영위해 가는 방식으로서의 숲길 맨발걷기는 건강에 관심이 있는 그 누구든 시도해 볼 수 있는 보편적인 건강 추구방식의 하나임을 밝히고자 하였다.

이에, 전술한 제도권 내의 눈부신 유전자 정보 분석기술과 맞춤 정밀의학의 발전이 무병장수란 인류의 오랜 꿈을 이루어 낼 수 있을 때까지 저자가 본서에서 제시하는 숲길 맨발걷기라는 매우 "단순하고, 용이한 또 무비용의" 세상에 없던 새로운 건강 추구방식이 우리 사회 더 나아가 동시대 사람들의 건강과 삶의 질의 향상을 위한 근원적인 대안의 하나로 공유되고 실천되는 계기가 되었으면 한다.

2019. 새 봄날 숲길에서
「맨발걷기 시민운동본부」, 「맨발걷기 숲길 힐링스쿨」
박동창 드림

맨발로 걷는
즐거움에서 치유로의 진화

저자가 맨발걷기를 처음 알게 된 것은 2001년 봄이었다.

당시 폴란드의 은행을 경영하며 받은 과로와 스트레스로 저자의 간 지수는 이미 100을 넘어선 지 오래였다. 그리고 툭하면 찾아오는 불면증 등으로 건강상태는 말이 아니었다. 주치의로부터 "일 좀 덜하고 오래 살 것이냐, 아니면, 죽도록 일하고 빨리 죽을 것이냐, 그것을 선택하라"라는 경고를 받고 있던 터였다.

마침, 당시 한국 TV 방송을 통해 간암 말기, 한 환자의 놀라운 치유의 사연이 방송되었다. 그는 병원으로부터 한 달의 시한부 삶을 선고받고 강제 퇴원 당한 뒤, 그냥 집에 누워 있지를 않고 집 뒤 청계산을 매일 맨발로 걸었다. 그랬더니, 한 달 후 죽기는커녕 오히려 석화되었던 간이 재생되고, 완벽한 건강을 되찾았다는 사연이었다.

그때 그 저자는 "아, 저 '맨발걷기'에 무언가 알 수 없는 건강의 비결이 있다"라는 생각이 전광석화같이 뇌리를 관통하였다. "나도 맨발로 걸어보자. 그럼 저 청계산 노인처럼 간 수치가 정상으로 돌아오고, 정상적인 건강을 되찾을 수 있을 것이다"라는 생각을 하게 되었다.

이에, 그 주말 봄볕이 따사로이 내리쪼이는 가운데 집 뒤 넓이가 924헥타르에 달하는 거대한 카바티 숲을 찾았다. 그 전에는 항상 운동화를 신고 찾은 숲길이었으나, 그 날은 숲 입구에서 신발을 벗어 양손에 들고, 맨발로 숲길에 들어섰다. 평생을 달고 살아온 신발의 굴레를 마침내 벗어던진 것이다.

그리고는 맨발로 흙을 밟았다. 숲길을 맨발로 걷기 시작하였다. 아기가 걸음마를 하듯 그렇게 숲속으로, 자연으로, 생명의 모태 안으로 걸어 들어갔다. 맨발과 흙의 첫 접촉, 맨발과 대지의 첫 만남, 그것은 경이로운 체험이었다. 발바닥을 간지럽히는 마사토의 부드러움이 그러하였고, 숲을 가득 메우고 있는 푸른 풀과 나무들의 맑고 청신함이 그러하였다. 맨발을 타고 온몸으로 전해 오는 숲길의 싱그러운 기운이 발걸음을 가볍게 했다.

그것은 대지와의 오랜 격리를 해소하는 뜻깊은 의식이었고, 맨발로 땅을 밟으며 어머니 대지와 일체가 되는 합일의 첫걸음이었다. 또한, 그동안 잃어버렸던 건강을 되찾는 치유의 열쇠였고, 자연을 온몸으로 사랑하게 하는 깨우침과 생명의 한 소식이 되었다.

그로부터 매일 아침 출근 전 맨발로 숲길을 찾았음은 물론 주말이면 하루도 빠짐없이 맨발로 숲길을 찾았다.

맨발걷기에 따른 신체상의 변화, 그리고 정신의 변화를 글로 기록하였다. 그리고 그 놀라운 변화의 이유가 무엇인지 연구를 계속하였다. 그리고 주말이면 숲에서 앉아 글로 기록하였다. 그 결과가 그로부터 5년 후 책으로 엮여 나왔다. 2006년 출간된 《맨발로 걷는 즐거움》이었다.

그 책을 보고 많은 사람이 맨발걷기의 치유 효과에 대한 인식을 새로이 하고 또 그 즐거움을 대중화하기 위한 창의적인 아이디어들도 구체화하였다. 여기 2가지 대표적인 사례를 인용한다. 그 첫 예는 대구의 한 독자의 치유 사례이다. 경추 3번 수술을 받은 후 그 후유증으로 왼쪽 팔의 기능에 문제가 생겼던 그 사람은 졸저 《맨발로 걷는 즐거움》을 읽은 후 매일 집 앞의 자갈길을 2시간씩 맨발로 걸었다. 놀랍게도 2개월 만에 왼쪽 팔의 기능이 완전히 정상으로 돌아왔다. 두 번째 예는 계족산 황톳길의 조성이다. 대전의 주조회사인 (주)선양의 조웅래 회장께서 졸저를 보고 만남을 청하여 맨발걷기의 즐거움에 대해 의견을 나누던 중 '맨발걷기'를 좀 더 많은 사람에게 확산시킴과 동시에 비즈니스에도 도움이 되는 방안을 찾아보겠다고 하였다. 그 결과 계족산 13Km 임도에 황토를 까는 일로 구체화하였다. 그 후, 계족산 황톳길은 대전광역시 지역의 대표적인 관광지로서는 물론 누구나 가 보고 싶은 '맨발걷기의 성지'가 되었다.

그로부터 10년 후인 2016년 저자는 서울 강남의 대모산에 '무료 숲길 맨발걷기로의 초대!'라는 슬로건 하에 「맨발걷기 숲길 힐링스쿨」을 개설하였다. 매주 토요일 오후 3시부터 2~3시간씩 일반인들을 초대하여 직접 맨발걷기를 가르쳐드리고 함께 맨발로 걷는 프로그램이다. 한 사람이라도 더 많은 사람이 맨발걷기의 경이로운 치유와 힐링의 기쁨을 누릴 수 있도록 함이었던 바, 2018년 말까지 그간 총 85회에 걸쳐 정기적으로 맨발산행을 하였고, 연인원 1,636명이 참가하였다.

그 과정에 놀라운 사실들이 확인되었다. 바로 "맨발걷기는 치유한다.", "당신의 맨발이 의사이다."라는 구체적인 사실의 재발견이다. 맨발로 걷고 난 후, 모처럼 잠을 잘 잤다는 기쁨에 찬 인사에서부터 그동안 잘 안 꿰어지던 바늘귀가 쑥 들어갔다는 분, 오랫동안 숙였던 남성이 불끈 일어섰다는 분 그리고 심지어는 몸의 근골격계에 심각한 문제가 있던 분이 맨발로 걸은 다음 날 잘 안 쥐어지던 손가락이 쥐어지고, 20~30도밖에 안 굽혀지던 허리가 90도까지 굽혀지는 놀라운 현상을 직접 시연하며 증언하여 주었다.

매일 맨발로 하루 1~2시간씩 약 2개월을 걸었더니, 갑상선 암의 종양이 3Cm에서 1.6Cm로 줄어들고, 유방암 종양이 8mm에서 3mm로 줄었을 뿐만 아니라, 만성 두통과 족저근막염, 무릎 연골과 척추관협착증의 통증이 해소되고, 심방세동의 고통과 통증이 사라지는 등 고통스러워하던 질병의 증상이 개선되거나 치유된다는 사실도 증언했다. 또 뇌졸중의 후유증으로 반신마비가 되었던 사람이 맨발로 매일 2시간씩 지압 보도를 걷기 시작한 지 3주 만에 마비되었던 발로 땅을 쾅쾅 차고, 그다음에는 마비되었던 왼쪽 뺨과 목의 마비가 차례로 풀려 내리고, 2달 만에 축 늘어져 있던 왼팔을 휘휘 돌리는 기적까지 증언하고 시연했다. "맨발걷기 2개월 치유의 가설"의 발견이다.

한편 위와 같은 맨발걷기의 치유 효과들은 위 관련 질환을 앓는 분들만의 치유의 전유물이 아니라 맨발로 걷는 건강한 우리 모두에게도 주어지는 예외 없는 공평한 효익임을 우리는 잘 알고 있다. 즉, 숲길을 맨발로 걷는 모든 사람이, 비록 건강하기에 그 치유 효과를 인지는 못 하더라도, 그러한 각종 질병으로부터 예방 및 건강증진의 혜택들을 누구나 누리고 있다.

그런데 아직도 수많은 사람이 현대 문명병인 각종 암과 심혈관 질환, 뇌 질환, 근골격계 질환 등 여타 치명적인 질병으로 고통받고 생사의 갈림길에서 괴로워하고 있다. 최근 의학의 발달과 수많은 의료진의 노력으로 암의 생존율과 현대 문명병의 치유 등도 획기적으로 개선되고 향상되고 있지만, 여전히 그 사각지대에서 고통 받는 사람들이 많다.

국민건강보험공단 통계에 의하면, 매년 집계되는 진료비가 2011년 46조 2천억 원에서 2017년 69조 3천억 원으로 6년 새 약

1.5배로 증가했다. 1인당 월평균 진료비 역시 78,424원에서 113,612원으로 약 1.45배 증가하였음이 그러한 사실을 보여주고 있다. 고령화 시대로 접어들면서 개인은 물론 국가의 의료비 부담 비용이 계속 증가하고 있다는 방증이다.

이에 졸저인《맨발로 걷는 즐거움》을 발행한 이후 10여 년 만에 펴내는 본서는 지난 3년간 대모산에서 저자가 운영한 무료 숲길 맨발걷기에의 초대 프로그램인「맨발걷기 숲길 힐링스쿨」의 회원들에게 매일 써서 보내드린 '맨발로 쓰는 아침편지'의 글들을 정리한 '맨발걷기'의 치유 효과에 대한 이론서이자 응용서이고 또 수상록이기도 하다. 아무쪼록 본서, '두 달 안에 아픈 곳이 나아지는'《맨발걷기의 기적》에서 다루는 맨발걷기의 생생한 치유 내용과 사례들을 통해 더 많은 사람이 숲길 맨발걷기의 그 경이로운 치유와 힐링의 기쁨과 효익을 공유하며 100세 시대 건강한 삶을 같이 누려 나갈 수 있게 되었으면 한다.

2019. 새 봄날 숲길에서
「맨발걷기 시민운동본부」, 「맨발걷기 숲길 힐링스쿨」
박동창 드림

| 제3장 |

맨발걷기의 경이로운 치유 사례와 치유 효과

NATURAL REFLEXOLOGY

| 제 1 장 |

맨발걷기는
건강과 치유의 비답

맨발 걷기는
건강과 치유의 비답

치유와 생명의 걸음

우리의 삶은 불가에서 이야기하듯 생로병사로 점철되어 있다. 태어나고 늙고 병들고 죽는 이 네 가지 고통에서 그 누구도 피해 갈 수가 없다. 또한, 우리 삶은 성공과 실패가 반복되고, 때에 따라서는 본의 아닌 좌절에 절망한다. 때로는 그러한 절망을 넘어서지 못하여 스스로 목숨을 끊는 안타까운 일까지도 종종 본다.

그래서 현대인의 삶은 마치 칼날 위의 삶이다. 곳곳에 도사린 질병과 장애 그리고 성공과 좌절의 연속 선상에서 그 고통을 피해 가는 일이나, 극복해 가는 일이나, 모두 마치 예리한 칼날 위를 걷는 그러한 날카로움이다. 하지만 생로병사의 고통에서, 또 실패와 좌절의 고통에서, 그리고 현대인이 직면한 칼날 같은 삶의 불안에서 우리 모두 떨치고 일어서야 한다.

그 모든 것은, 각자의 마음가짐에 달려 있다. 질병이나 좌절은 누구에게나 왔다가 간다. 누구나 한 번쯤은 겪게 되는 질병과 실패의 고통이 이번에는 잠시 나에게 왔다는 것뿐이다. 그래서 그를 객관화시켜, 하나의 현상과 그림으로 바라보며, 자신만의 치유책을 찾아 나가야 한다. 병원을 찾아 의사의 도움을 받거나 전문가의 협조를 받는 일은 기본이다. 반드시 치유하고 해결한다는 믿음과 긍정의 의지 역시 기필코 다져야 한다.

다음은 숲길 맨발걷기를 통해 근원적인 치유의 힘과 해결책을 모색해야 한다. 숲길을 맨발로 걷는 것은 질병과 좌절의 고통으로 상실된 심신의 균형과 회복을 가져오기 때문이다. 또 한쪽으로 치우친 몸과 마음의 극단을 정상으로 돌려놓는다. 그리고 주변의 뭇 생명과 삶에 대한 연민과 사랑을 회복하게 한다.

숲길 맨발걷기는 그래서 생로병사를 넘는 치유와 생명의 걸음이다.

조물주의
설계도에 따른 삶의 방식

기계류나 전자제품은 각각의 제품 설계도에 따른 사용법을 달리 설명하고 있다. 만약 제품 설계도에 따른 용법을 충실하게 따르지 않으면 머지않아 고장이 난다.

인간도 그 원리에 예외가 될 수 없다. 조물주가 인간을 창조하실 때 인간은 숲길이나 사바나의 거친 들판을 맨발로 걸음으로써 모든 신체의 기능이 정상으로 작동하게끔 그 운영 기제(operation mechanism)를 설계해 놓으셨다. 인간이 최초로 만들어진 그 옛날에는 고무 밑창을 댄 신발이나 구두, 등산화 등은 없었기 때문이다. 그리고 시멘트 길은 물론 아스팔트 길도 없었기 때문이다.

즉, 애초 조물주가 인간을 창조하실 때 인간은 맨발로 숲길이나 거친 들판을 걷거나 달림으로써 발바닥을 통한 혈액의 펌핑 기능이 작동하여 심장의 기능을 보완할 수 있도록 설계해 놓으셨다.

심장의 작동 하나만으로는 온몸의 혈액이 위, 아래로 원활하게 도는 데는 역부족이기 때문이다. 맨발로 거친 길을 걷거나 달림으로써 돌멩이, 나무뿌리 등 무수한 땅 위의 질료들을 맨발로 밟음으로써 발바닥의 지압 점들이 자연스럽게 지압되고, 따라서 혈액이 몸의 각 기관이나 장기에 위에서 아래로, 또 아래에서 위로 원활하게 공급되도록 함으로써, 몸의 작동 기제와 관련 상응한 기능들이 정상적으로 작동하도록 설계해 놓으신 것이다. 다시 말해, 그렇게 맨발로 걷거나 달릴 때 몸의 각 기관과 장기가 정상적으로 원활하게 작동하도록 인간의 몸을 애초부터 설계한 것이다.

또한, 조물주는 인간의 몸에 염증이나 상처가 났을 때 그런 염증을 치료하기 위해 몸 자체에서 방위병을 내려 보내도록 설계했다. 애초 염증 치료의 순기능을 하도록 설계된, 전기적으로는 양전하를 띤 활성산소(oxygen free radical)가 그것이다. 그런데 그렇게 생겨난 활성산소가 몸의 염증을 다 치료하여 임무를 마친 후에는 맨발로 걸을 때, 즉각 땅속의 음전하를 띤 자유전자(free electron)와 결합하여 중화한 후, 몸 밖으로 배출되도록 설계되어 있다. 동시에 몸속으로 들어온 자유전자는 적혈구의 표면 전하(surface charge)를 올림으로써 혈액의 점성(viscosity)을 낮추고 혈류의 속도(velocity)를 높여 심혈관 질환 등이 발병하지 않도록 설계되어 있다.

그런데, 문명사회가 되면서 절연체인 고무가 들어간 밑창을 댄 등산화·운동화·구두 등을 신고 걸음으로써, 몸속에 있던 활성산소가 땅속으로 배출될 기회가 차단되었다. 그 결과 염증 치료의 임무를 마친 활성산소는 몸 밖으로 배출되지 못하여 몸속을 돌아다니다가 멀쩡한 세포를 공격하고 몸의 면역력이 약화한 틈을 타 암 세포로 돌변한다. 그리고 그로 인해 성인병이 발병하거나, 노화가 급속하게 진전하여 치명적인 증상들로 나타난다. 또한, 신발을 신고 생활함으로써 땅속의 자유 전자가 몸속으로 들어오지 못하게 차단되어 적혈구의 제타 전위(zeta potential; 입자 사이의 반발력과 인력의 크기를 단위로 나타낸 것)를 높이지 못해 혈액의 점성이 높아지고 혈류의 속도가 낮아지는 등 심혈관 질환과 뇌 질환의 근원적인 발병원인이 된다.

결국, 애초 조물주는 인간이 맨발로 걸으며 활동하도록 설계하셨다. 맨발걷기를 통한 발바닥의 혈액 펌핑 기능으로 심장의 펌핑 기능을 보완하도록 설계하셨을 뿐만 아니라, 또 염증 치유의 임무를 마친 활성산소들이 맨발바닥을 통해 몸 밖으로 배출되도록 설계하셨다. 또 땅속의 자유 전자들이 맨발바닥을 통해 몸속으로 들어와 적혈구의 제타 전위를 높여 혈액이 끈적거리게 되는 것을 막고 혈류가 자연스럽게 흐르도록 설계하셨다. 그런데, 문명이 발달하면서 인간이 그 조물주의 설계방식에 어긋나는 절연체의 신발, 즉, 구두, 운동화, 등산화 등을 신게 함으로써, 조물주의 애초 설계도, 즉, 활동 기제(operation mechanism)에 반하여 살아가는 삶의 방식이 만들어진 것이다.

그로부터 인간의 제반 문명병이 시작되었다 해도 과언이 아니다.

결국, 해결책은 원래 조물주가 설계한 대로 또 인간을 창조한 애초의 활동 기제(operation mechanism)를 따라, 맨발로 숲길을 걸어야 한다. 그래야 정상적인 혈액의 펌핑 기능이 이루어지고, 활성산소가 적절하게 매일매일 맨발로 걷는 숲길의 땅속으로 배출되고 혈액의 점성이나 혈류도 최적의 상태를 유지할 수 있다. 실제, 그것이 바로 저자가 운영하는 「맨발걷기 숲길 힐링스쿨」의 회원들이 살아가는 숲길 맨발걷기의 삶의 방식이고, 그것은 바로 조물주가 인간을 설계하신 대로의 운영 기제를 따른 삶의 방식의 실천이다.

「맨발걷기 숲길 힐링스쿨」 회원들 사이에 매일매일 치유의 증언들이 나오고 있는 것은 바로 그렇게 숲길을 매일 맨발로 걷기 때문이다. 즉, 조물주의 애초 설계도대로 사는 방식인 맨발로 숲길을 걸음에 따라 혈액순환이 왕성해져 면역력이 강화된다. 또 활성산소가 즉시 몸 밖으로 배출될 뿐만 아니라 혈액의 점성(viscosity)을 낮추고 혈류의 속도(velocity)를 높인다. 그리고 몸과 마음에 놀라운 치유의 현상들이 일어난다.

숲길 맨발걷기의 치유 현상은 바로 그렇게 신발을 벗고 자연 그대로의 숲길을 맨발로 걷는 데서 기인한다. 즉, 조물주가 창조한 인간의 활동 기제(operation mechanism)를 따라 숲길을 맨발로 걷는 데 바로 그 치유의 비밀이 숨어있다 할 것이다.

맨발로 걷는 숲길은
3무(三無)의 자연치유 종합병원

광주시 외과의 전홍준 박사는 자연의 질서에 따르는 생활을 하면 어떤 만성병도 쉽게 낫는다고 한다. 자연의 질서에 어긋난 생활을 하면 병이 생긴다는 것이다. 그 실례로 "야생동물에게는 암, 당뇨, 고혈압이 생기지 않는다"며 "여기에서 만성병의 해법도 찾을 수 있다"라고 한다. 가장 중요한 것은 야생동물들은 근심과 걱정이 없으며 마음이 온전히 쉬고 있다는 것이다. 전 박사는 "이 같은 야생동물들의 삶의 방식을 그대로 따르면 있던 병도 저절로 치료된다는 것이 자연치료 의학의 핵심"이라고 한다.

우리가 자연의 질서를 따르는 생활을 해야 한다는 점에서, 또, 근심·걱정이 없는 야생동물의 삶의 방식과 같은 항상 긍정적인 생각을 가져야 한다는 점에서 전홍준 박사의 이야기는 우리의 숲길 맨발걷기와 그 맥을 같이 한다.

맨발로 숲길을 걷는 일은 마음의 평화와 안정을 가져다줄 뿐만 아니라,
여러 가지 경이로운 치유와 힐링의 효과를 가져다준다.

하지만, 전 박사는 그 실행방법에 저자가 하는 숲길 맨발걷기는 언급하지 않는다. 숲속의 동물들이 다 맨발로 걷는데…. 아마도 전홍준 박사는 숲길 맨발걷기의 그 경이로운 치유와 힐링의 효과에 대해서는 아직 들어보지 못한 듯하다.

「맨발걷기 숲길 힐링스쿨」의 한 회원이 숲에서 만난 한 등산객에게 "맨발로 걸으면 무엇이 좋은가?"라는 질문을 받았다. "원활한 혈액순환으로 몸의 자기치료, 면역력 등이 좋아지는 느낌과 정신적으로 차분하게 안정이 되어 스트레스가 해소되는 점, 그리고 밤에 깊은 잠, 숙면을 하게 되는 점들을 이야기해 주었습니다."라고 대답했다고 한다. 그랬더니 그 등산객도 즉시 등산화를 벗고 맨발로 함께 걸었다 한다.

이렇게 「맨발걷기 숲길 힐링스쿨」의 회원들은 숲길에서 다른 사람에게 맨발로 걷기를 적극적으로 권하는 자발적인 사명감에 충만하다. 맨발로 숲길을 걷는 일이 마음의 평화와 안정을 가져다 줄 뿐만 아니라, 여러 가지 경이로운 치유와 힐링의 효과를 가져다주기 때문이다. 그런 점에서 우리 회원들은 모두 자연의 질서에 따르는 생활을 스스로 실천해 나가고 있고, 맨발걷기를 다른 사람에게 전파하는 자연치유의 의사라 불러도 지나치지 않을 듯하다.

맨발로 걷는 숲길은 그 자체가 자연의 질서에 순응하는 자연치유 종합병원이다. 맨발로 숲길을 걷기만 하여도 수많은 질병이 예방되거나 치유됨을 우리 자신과 주변의 여러 회원에게서 매일 듣고 있고 또 확인하기 때문이다. 그래서 그를 일반 병원과 비교해

'3무(三無)의 자연치유 종합병원'이라고 하는 것이다.

그 이유는 첫째, 맨발걷기는 복잡한 입원 절차가 필요 없다. 그냥 신발을 벗고 숲길에 들어서기만 하면 된다. 둘째, 병상에 드러눕는 대신 맨발로 걷기만 하면 되기에 숲길은 병상이 없는 병원이다. 셋째, 숲길은 일체의 진료비나 치료비를 내지 않는, 즉, 병원비가 필요 없다.

이 얼마나 좋은 병원인가? 더 나아가 숲길 종합병원에 들어서면, 엄청난 자연치유의 종합 서비스가 무한하게 제공된다. 첫째, 어머니 대지가 여러분들의 맨발을 정성껏 지압(reflexology)해 준다. 그 지압의 결과 자연스럽게 혈액순환이 활발해진다. 그리고 전홍준 박사가 이야기하는 만병일독(萬病一毒)의 근원인 혈액을 깨끗하게 순화한다. 둘째, 어머니 대지가 접지(earthing)를 통해 온몸에 생성된 독소인 활성산소를 완벽하게 제거해 준다. 이로써 암이나 심혈관 질환 등 온갖 성인병의 위험으로부터 우리를 해방시킨다. 셋째, 녹색의 나뭇잎으로 눈을 즐겁게 한다. 넷째, 코로 향기로운 꽃과 풀 향기를 맡게 한다. 다섯째, 평소에 듣기 어려운 새소리, 풀벌레 소리 등의 아름다운 합창을 들려 준다. 여섯째, 그로 인해 진정한 마음의 안정과 평화를 가져다 준다.

전홍준 박사가 이야기하는 자연에 순응하는 삶, 자연에 순응하는 치유의 참 모습을 보여주는 것이다. 그러기에 「맨발걷기 숲길 힐링스쿨」의 회원 중에 벌써 많은 치유의 증언들이 자연스럽게 나오고 있다. 우리가 숲길을 맨발로 걸어야 하는 값진 이유들이다.

'걷는 것'만으로는 이룰 수 없는 '+*a*'의 치유를 이룬다

제일병원 원장 이명우 박사는 "일단 걸어라"라는 글에서 걷기는 ① 뇌를 자극한다. ② 건망증을 극복한다. ③ 의욕을 북돋운다. ④ 밥맛이 좋아진다. ⑤ 비만 치료제이다. ⑥ 요통 치료에 효과가 있다. ⑦ 고혈압을 치료한다. ⑧ 금연 치료제이다. ⑨ 뇌가 젊어진다. 등 열일곱 가지의 이점들을 정리하여 밝혔다.

실제 운동화를 신고 걷는 것만으로도 그만큼 많은 건강상 유익한 점들을 가지고 있다. 하지만 단순히 걷는 것만 가지고서는 왜 매일 헬스클럽의 트레드밀이나 운동장 등을 뛰고 걷는 사람이 오늘 갑자기 심장마비로 사망하는지, 또 갑자기 뇌종양으로 쓰러지는지, 또 족저근막염이나 무릎연골의 통증이나 척주관 협착증 등의 통증이 지속되는지 그 이유를 설명하지 못한다. 단순히 걷는 것이 걷지 않는 사람보다 건강할 확률이 높다는 것만 가지고는 수많은 암 환자, 심혈관 질환자, 근골격계 환자의 숫자가 줄기는 커녕 갈수록 늘어만 가는 이유를 설명하지 못하는 것이다.

여기에 맨발걷기를 해야 할 이유가 존재하게 되고 빛이 난다. 그리고 그러한 이유는「맨발걷기 숲길 힐링스쿨」의 여러 회원의 수많은 치유의 증언들이 증명하고 있다. 즉, 운동화나 등산화를 신고 대모산을 다닐 때는 계속 두통이 있거나, 암 종양이 커지고 있거나, 가슴이 답답하거나 심장에 통증이 있거나, 족저근막염이 치료되지 않고 계속 아프거나, 무릎연골의 통증이 계속되거나, 척추관 협착증으로 매일 한의원에 가서 대침을 맞거나, 안구건조증으로 계속 안약을 넣었어야 했다. 그러나 맨발로 걷고부터는 그러한 현상들이 모두 개선되었다는 사실이다. 왜 맨발로 걷는 것이 신발을 신고 걷는 것만으로는 이룰 수 없는 경이로운 치유 효과를 가져오는지 그 구체적인 실례들을 웅변해 주고 있다.

그동안 여러 사람의 치유의 증언들과 저자의 맨발걷기의 이론 및 관련 국내외 의사들의 연구결과와 저서의 주장을 종합하여, 일반적인 걷기와 맨발걷기의 결정적인 차이점, 즉 맨발걷기의 '걷기+α'의 놀라운 치유 효과를 정리하면 다음과 같다.

첫째, 맨발로 걸으면, 지압(reflexology) 효과로 인해 몸속 각 장기에 혈액이 왕성하게 공급됨으로써 각 장기가 활성화한다. 따라서 몸의 면역력이 강화되는 효과를 본다. 그 결과로 감기에 걸리지 않고, 정력이 왕성해질 뿐만 아니라 심혈관 질환의 치유, 당뇨병의 치유, 반신마비의 치유 등 눈부신 치유 효과들이 나타난다.

둘째, 맨발걷기의 접지(earthing) 효과로 몸속의 활성산소들이 땅속으로 배출됨으로써 현대 문명병의 90% 원인을 제공하는 활성산소를 소멸하게 한다. 그 결과, 각종 암은 물론 대사성질환 등 수많은 소위 문명병의 예방과 치유의 현상으로 나타난다. 관련하여, 미국 텍사스 주립대 MD앤더슨 암센터에 31년간 봉직한 암 전문의 김의신 박사가 조사한 성가대원의 면역세포(NK세포) 숫자가 일반인들의 무려 1,000배에 달한다는 연구결과는 맨발로 걷는 사람들의 면역세포의 숫자도 모두 그 이상으로 올라가 있을 것이라는 추정을 가능케 한다.

셋째, 미국 심장의인 스테판 시나트라 박사(Dr. Stephen Sinatra)가 2013년도 대체의학잡지(Journal of Alternative and Complementary Medicine)에 게탄 쉬발리에 박사(Dr. Gaétan Chevalier), 제임스 오쉬만 박사(Dr. James L. Oschman), 리차드 델라니 박사(Richard M. Delany) 등 세 사람과의 공동 연구결과를 논문으로 게재했다.

맨발로 접지하고 있으면 땅속의 음전하를 가진 자유 전자들이 몸속으로 들어와 적혈구의 제타 전위(zeta potential)를 개선하고, 그 결과로 혈액의 점성(viscosity)이 묽어지고 혈류의 속도(velocity)가 빨라지게 함으로써 혈전이 생기는 것을 방지한다. 그 결과 맨발걷기가 심혈관 질환, 뇌졸중 등 치명적인 질병들을 예방하고 치유하는 원인을 제공한다. 이러한 사실은 미국의 자연치유 전문가인 요셉 메르콜라 박사(Dr. Joseph Mercola)에 의해서도 확인이 되었다.

넷째, 숲길을 맨발로 걷게 되면 그동안 고무 재질의 두껍고 딱딱한 밑창을 댄 신발을 신고 걸음으로 인해 발바닥과 무릎, 골반, 요추, 척추 등에 주어졌던 충격들이 제거됨으로써, 근골격계를 싸고 있는 근육이 말랑말랑해지고, 그 결과로 족저근막염, 퇴행성 관절염, 척추관 협착증 등이 치유되고 근골격계의 기능이 원활하게 되는 놀라운 치유 효과를 가져온다.

이러한 사실은 부산의 정형외과의 황윤권 원장의 《디스크 권하는 사회》라는 책(2015. 에이미팩토리)을 통해서도 밝혀졌다. 즉, "병원에서 디스크나 척추관협착증이라 진단하는 통증은 해당 부위 근육이 굳어져 생긴다고 본다. 근육은 본디 길이가 늘어나고 줄어드는 운동을 하게 되어 있는데 일정 기간 그런 변화(운동)가 없는 긴장된 순간이 반복되면 굳어진다. 말랑말랑해야 할 근육이 굳어져서 근육 속 말초신경이 통증을 느낀다."라는 사실과 그 내용 면에서 일치한다.

결국, 숲길 맨발걷기의 치유 효과는, 단순히 운동화를 신고 걷는 것만으로는 이룰 수 없는 '걷기 + α'의 경이로운 치유 효과를 가져온다는 결론에 이른다. 우리가 숲길을 맨발로 걸어야 할 결정적 이유이다.

당신의 맨발이
의사이다

앞서 맨발로 걷는 숲길은 환상적인 삼무(三無)의 자연치유 종합 병원이라고 하였다. 입원 절차나 병상도 없고, 일체의 진료비나 치료비를 내지 않는 자연 종합병원이라는 뜻이다. 거기에다 의사도 간호사도 없으니 사실은 5무(五無)의 종합병원인 셈이다.

그런데 「맨발걷기 숲길 힐링스쿨」에서는 2016~18년 중 참여한 많은 회원으로부터 맨발로 걸은 이후, 여러 질병이 치유되었다는 증언들이 나왔다. 오로지 매일 맨발로 숲길을 걸어 수많은 질병이 치유되었다. 그래서 가지고 있던 약 봉투를 다 가져다 버렸고, 이제는 한의원에 가서 살다시피 하는 일들도 없어졌다.

숲길을 맨발로 걷는 단순한 일만으로 이루어진 자연치유의 현상들이 일어난 것이다.

대한걷기연맹 웹사이트에 들어가면, "당신의 두 다리가 의사입니다. 걷는 자만이 앞으로 나아갈 수 있습니다."라는 슬로건이 대문에 걸려 있다. 그만큼 두 다리로 걸으면, 즉 걷기운동을 많이 하면 몸이 건강해진다는 점을 강조하기 위함이다. 실제 많이 걸어야 건강에 좋다는 점에서 이 슬로건은 옳다. 세계보건기구도 걷기를 비만 등을 퇴치하는 주요 운동으로 적극 권장하고 있다는 점에서도 그러하다.

그렇다면, 대한걷기연맹의 "당신의 두 다리가 의사입니다."라는 슬로건은 우리 맨발로 걷는 사람에게 더 잘 어울리는 표현이 아닐까 하는 생각이 든다. 바로 "당신의 맨발이 의사이다"라는 것이다.

관련하여, 본서에서는 맨발걷기의 경이로운 치유 효과를 맨발걷기의 이론들과 다양한 사례 등을 여러 각도에서 조명하고 있는 바, "당신의 맨발이 의사이다"라는 관점에서 치유 효과가 어떻게 나타났는지를 살펴 보도록 하겠다.

여러분이 맨발로 숲길을 들어서면, 우리의 맨발 의사가 여러분의 발바닥을 정성껏 지압해 준다. 발바닥에 있는 모든 지압 점을 돌멩이, 나무뿌리, 나뭇가지 등 땅 위의 여러 질료를 가지고 무차별적으로 지속해서 지압한다. 그렇게 함으로써 몸속의 각 장기와 기관에 혈액을 왕성하게 공급한다. 결국, 몸 전체에 혈액의 순환이 원활하게 함으로써 각 장기와 기관의 작동이 활발해지고, 그 결과 몸의 면역체계가 강화된다. 각 장기가 건강해지니까 온몸 전체가 건강해지고 결국 강력한 치유 효과가 나온다. 당신의 맨발이 의사 역할을 하는 것이다.

그리고 두 번째는 왜 '맨발이 의사'인지 좀 더 과학적인 측면에서 살펴보겠다. 맨발걷기는 땅에 무궁무진하게 존재하는 음전하를 띤 자유 전자를 몸속으로 끌어 올린다. 그리고 몸속을 돌아다니는 무수한 활성산소, 즉 암이나 심혈관 질환 등 현대 문명병의 90% 이상의 원인을 제공하는 양전하의 활성산소를 중화시킨다. 이것은 맨발 의사의 중대한 항산화 처치이다. 결국, 몸속의 활성산소를 다 중화하고 땅속으로 배출함으로써 각종 암의 예방과 치유의 기제(mechanism)를 작동시킨다.

　그리고 세 번째는 맨발걷기는 음전하를 띤 자유 전자들을 적혈구로 끌어올려 적혈구의 표면 전하(surface charge)를 올려준다. 전문적인 용어로는 제타 전위(zeta potential)를 올리고, 그 결과 혈액의 점성(viscosity)을 낮추어 혈류의 속도(velocity)를 높인다. 즉, 맨발걷기로 혈액을 끈적거리지 않게 하고 묽어지게 한다. 그 자체만으로 혈액 순환을 촉진하는 것이다. 결국, 맨발걷기는 맨발로 걷는 모든 사람의 혈액을 묽게 하여 혈전이 생기는 것을 방지하고, 심장마비나 뇌졸중 등을 일으키는 그 치명적인 질병들을 예방하거나 치유해 주는 놀라운 의사이다.

　우리가 맨발로 걷는 것은 발을 지압(reflexology)해 주고, 접지(earthing)해 줌으로써 혈액 순환을 왕성하게 순환시켜 면역체계를 강화시켜 줌과 동시에 몸속의 활성산소를 모두 중화하고 배출함으로써 암의 근원을 제거해 준다. 어떻게 보면 맨발걷기는 요즘 회자하는 면역항암제를 자가생산해서 공급하는 것과 진배없는 중요한 임무들을 수행하고 있다. 그리고 동시에 적혈구의 표면 전하를 올려 혈액의 점성을 떨어뜨림으로써, 혈전의 생성을 방지하고, 심장마비, 뇌졸중 등 치명적인 질병의 위험으로부터 우리 모두를 지켜주고 또 치유해 주는 것이다. 결국 "당신의 맨발이 의사이다"라는 정의는 보편적인 진리를 가지고 있다고 할 수 있겠다. 그런 면에서 앞서 이야기 한 "숲길은 종합병원이다"라는 명제도 옳다고 할 수 있다.

그래서 "숲길은 자연치유의 종합병원일 뿐만 아니라, 그 길을 맨발로 걷는 우리의 맨발이 의사이다."라고 결론지을 수 있겠다. 이에, 틈나는 대로 자연치유 종합병원인 숲으로 가서 무비용의 맨발걷기를 해 보시기를 권한다. 지압(reflexology)과 접지(earthing)의 놀라운 치유 효과를 독자 여러분이 직접 느껴보셨으면 하는 것이다.

혹시 혼자 맨발로 걷기가 힘든 분들은 매주 토요일 오후 3시 서울 강남의 대모산에서 시작하는 저자의 '무료 숲길 맨발걷기 프로그램'인 「맨발걷기 숲길 힐링스쿨」(http://cafe.naver.com/walkingbarefoot)로 오시기 바란다.

맨발걷기를 하고 나면 밥맛은 꿀맛, 잠은 단잠,
기분은 상쾌, 몸은 깃털이다.

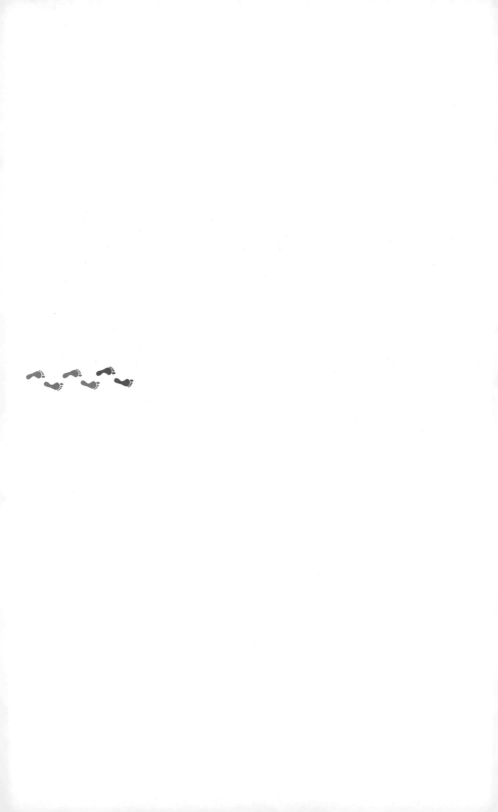

NATURAL REFLEXOLOGY

| 제 2 장 |

맨발걷기
치유의 이론과 생리학적 근거

01 치유의 이론적 근거 | 02 치유의 생리학적 근거

사람들은 맨발걷기가 몸에 좋다는 사실은 어렴풋이 안다. 그런
데 실천하기는 여전히 어렵다. 현대 사회의 생활환경이 맨발로 숲
길을 걸을 수 있는 여건이 녹록하지 않기 때문이다. 그러다 보니
맨발걷기가 왜 건강에 좋은지 좀 더 과학적, 체계적으로 연구하려
는 노력 역시 이루어지지 않고 있다.

　그런 중 2006년 저자가 맨발걷기와 건강의 효용성에 관한 최초
의 이론서이자 실용서인《맨발로 걷는 즐거움》이라는 책을 펴냈
다. 맨발로 걷는 그 즐거움과 저자가 2001년부터 폴란드 카바티
숲속을 맨발로 걸으면서 경험한 치유 효과를 과거부터 전해 내려
오는 지압(reflexology) 요법에 그 치유의 근거를 찾아내면서, 맨발
걷기는 바로 자연과 숲길이 주는 발 마사지(Natural Reflexology)라
는 개념을 정립하였다.

　그 이후인 2010년 미국의 전기기술자 클린트 오버(Clint Ober)와
심장의학자인 스테판 시나트라 박사(Dr. Stephen T. Sinatra) 등이 공
동으로 저술한《어싱(Earthing)》이라는 책이 나오면서 "인체에는

전기가 흐르고 지구에도 전기가 흐른다"라는 전제로 "대지와의 접촉으로 인체 본래의 전기적 상태를 복원하고, 그로 인해 통증과 스트레스를 완화하는 것, 그것이 어싱(earthing)이다"라는 이론을 세웠다.

《에너지 의학》의 저자인 제임스 오쉬만 박사(James L. Oschman, PhD.)는 이 책의 서문에서 "접지는 인체 본연의 전기적 상태를 복원하고 유지해서 일상생활에서 최상의 건강상태로 활동할 수 있게 해준다. 태곳적부터 존재해온 자연적인 땅속 에너지는 최상의 항염증제이자 항노화제다."라고 정의하였다.

저자는 위 접지이론이 충분한 과학적, 의학적 근거가 있다고 믿는다. 그것이 바로 조물주가 인간을 창조한 정교한 시스템 일부라 확신한다. 하지만, 위 클린트 오버 등 저자들도 접지 패드 등 인공적인 기구를 사용한 접지 효과 등을 주장할 뿐, 숲길 맨발걷기를 통한 경이로운 치유와 힐링의 효과에 대해서는 별다른 주목을 하지 않았다.

이에, 저자는 지난 2016년 서울 강남의 대모산에 무료 숲길 맨발걷기로의 초대 프로그램인 「맨발걷기 숲길 힐링스쿨」을 개설, 이를 토대로 저자가 위 이론과 실험결과 등을 참고하여 확립한 여러 이론과 저자가 개발한 맨발걷기의 7가지 걸음 및 맨발 산행 방법 등을 지도하고 공유하며 숲길 맨발걷기가 갖는 그 경이로운 치유와 힐링의 효과를 전파·계몽해 왔다.

치유의
이론적 근거

지압(reflexology) 이론

자연이 선사하는 비용 무, 효과만점인 최고의 지압 요법

　사람들이 "왜, 맨발로 걸으세요?"하고 물을 때 저자는 답한다. "우선 맨발로 걸으면 기분이 좋습니다. 다양한 지표면과 맨발의 접촉 자체가 아주 상쾌하고 즐거운 촉감을 부여해 주지요. 관능의 즐거움과 아름다움도 있고요. 거기에다 맨발로 걷는 것은 건강에 아주 좋습니다. 땅 위의 흙과 그 표면에 돌출된 작은 조약돌이나 나뭇가지, 솔방울 등이 맨발바닥에 리플렉솔로지 요법과 같은 지압을 해 줌으로써 혈액순환을 활성화하고, 모든 내장과 장기들의 활동을 활발하게 해줍니다. 그것은 만병의 근원적인 치유를 가능케 해주는 자연의 지압이고 마사지입니다."

관련하여, 아메리칸 리플렉솔로지 아카데미의 빌 플로코 학장은 "리플렉솔로지는 강력한 자연 건강과학으로서 발, 손 그리고 귀에 분포한 반사구들과 몸의 각 기관과의 관계를 연구함과 동시에 그 반사 부위를 손가락과 엄지 부위 등으로 지압함으로써 건강을 증진함과 동시에 적절한 건강상태를 유지하게 하는 자연치유요법이다."라고 설명하고 있다.

이 이론은 발바닥에는 신체 각 부위에 상응한 반사구들이 지도처럼 분포하고 있다는 사실의 발견에 근거하고 있고, 그 특정 반사구에 전문적인 지압을 가함으로써 상응한 신체기관의 기능을 향상하고, 나아가 신체 본연의 균형을 회복하게 한다는 원리이다.

이러한 리플렉솔로지 요법은 고대 중국과 이집트 등지에서 이미 사용했다는 기록이 있다. 그리고 근대에 들어서는 1913년 윌리엄 피츠제럴드 박사가 몸의 특정 부위에 압력을 가하면 연관 부위에 마취 효과를 가져온다는 사실을 발견하면서, 체계적인 연구가 시작되었다. 그는 신체의 각 부위를 10개의 동등한 수직 구역으로 구분하고 한 부위에 압력을 가하면 해당 부위의 모든 신체기관에 영향을 미친다는 사실을 밝혀내고, '존 세라피(Zone Therapy)'라는 이름으로 학계에 발표하였다. 그리고 1930년대에 들어 치료사 유니스 잉햄이 발을 지압하면 몸 전체에 긴장이 완화되고 질병의 치유 효과를 가져온다는 사실을 새로이 발견함으로써 리플렉솔로지에 대한 이론적 기반이 본격적으로 체계화되었다고 한다.

<존 세라피(Zone Therapy) 이미지>

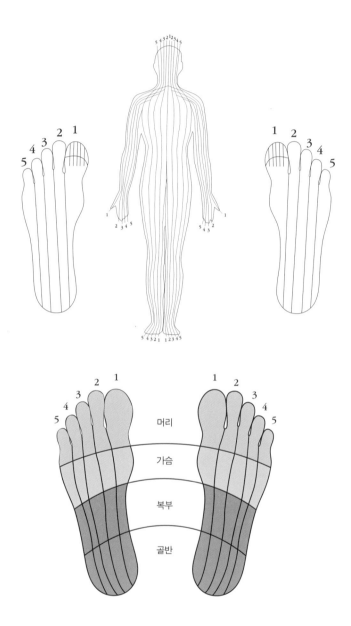

오늘날 우리나라를 비롯하여 전 세계적으로 다양하게 시행되고 있는 발 마사지나 발 지압 등이 모두 그러한 리플렉솔로지 이론에 근거한 자연적인 건강요법이다. 그러한 건강요법은 의학적인 처방이나 치료를 대체하는 것이 아니라, 웰빙을 추구하는 현대인의 생활 속 대체의학 요법의 하나라 하겠다.

그러한 관점에서 보면 리플렉솔로지의 전문가들이 보고하고 있는 리플렉솔로지의 효과가 한결같이 혈액순환의 활성화, 긴장의 완화 및 신체 각 기관의 해독작용과 낡은 조직과 세포의 재생작용 등을 통한 면역체계의 강화를 들고 있음은 지극히 자연스러운 일이라 하겠다.

맨발걷기의 경이로운 치유 효과 역시 상기 리플렉솔로지 이론과 맥을 같이 한다. 즉, 맨발로 대지를 밟게 되면 자연적으로 지표면에 놓여있는 돌멩이나 나무뿌리, 나뭇가지 등의 다양한 물질이 발바닥의 각 부위와 상호 마찰하고, 땅과 그 위에 놓인 각종 물질이 발바닥의 각 반사구를 눌러주고, 지압해 준다. 바로 자연이 주는 지압이요, 자연이 해주는 발 마사지이다.

이러한 관점에서 보면 숲길 맨발걷기는 "자연이 선사하는 리플렉솔로지(Natural Reflexology) 요법"이다.

다만, 리플렉솔로지 요법(Reflexology)은 반드시 전문적인 치료사나 타인의 손을 빌려야 지압효과를 얻게 되는 데 비해, 맨발걷기는 혼자서 숲길을 맨발로 걷기만 하면 그 효과를 볼 수 있다는 데 그 차이가 있다. 따라서 그 용이성이나 경제성, 효율성에 있어서

〈발 지압점 분포도〉

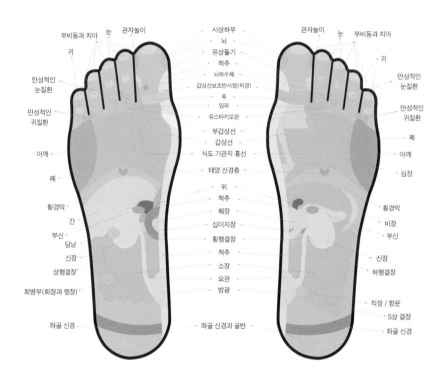

부비동과 치아 · 눈 · 관자놀이
귀
만성적인
눈질환
만성적인
귀질환
어깨
폐
횡경막
간
부신
담낭
신장
상행결장
회병부(회장과 맹장)
좌골 신경

시상하부
뇌
유상돌기
척추
뇌하수체
갑상선보조반사점(위경)
목
임파
유스타키오관
부갑상선
갑상선
식도 기관지 흉선
태양 신경층
위
척추
췌장
십이지장
횡행결장
척추
소장
요관
방광
좌골 신경과 골반

관자놀이 · 눈 · 부비동과 치아
귀
만성적인
눈질환
만성적인
귀질환
폐
어깨
심장
횡경막
비장
부신
신장
하행결장
직장 / 항문
S상 결장
좌골 신경

숲길 맨발걷기는 통상의 리플렉솔로지 요법을 훨씬 능가한다.

거기에다 리플렉솔로지 요법은 타인의 힘을 빌려 건강의 회복을 도모한다는 수동성을 내포하고 있지만 맨발걷기는 자신의 판단과 스스로 맨발로 걷는다는 행위를 통해 자신의 건강을 도모한다는 능동성을 기본으로 하고 있다. 맨발걷기는 자율적인 의지로 행위한다는 데 근본적인 차이가 있다.

더욱 리플렉솔로지 요법은 타인으로부터 발에 지압을 받음으로써 자신의 건강증진을 도모하는 조금은 이기적 행위요 처치이지만, 맨발걷기는 숲길의 맨땅 위를 맨발로 걸음으로써 자신의 건강증진뿐만 아니라 자연과의 합일과 사랑 그리고 뭇 생명에 대한 애정까지도 눈 뜨게 하는 이타적 행위와 처치에까지 미친다는 데 그 차이가 있다.

그러나 중요한 사실은 리플렉솔로지 요법이나 숲길 맨발걷기가 모두 발바닥에 산재한 다양한 반사구(reflex points)들을 자극함으로써 건강의 증진과 신체와 정신의 근원적 균형을 회복한다는 데 그 근본을 같이하고 있다. 그리고 현대의 문명병을 치유하는 근원적인 대체의학 요법의 하나로서 각각 그 중요성을 가지고 있다.

따라서 전문적인 리플렉솔로지 치료사로부터 발의 지압을 받든, 맨발걷기를 통해 자연적인 리플렉솔로지 효과를 보든 그것은 각자 판단의 몫이다. 그러나 일체의 비용이나 경비가 소요되지 않으면서도 리플렉솔로지 요법 고유의 지압효과까지도 얻게 되는 숲길 맨발걷기는 현대인이 누릴 수 있는 무비용, 최상의 웰빙 수단이자 대체의학 요법의 하나이다.

접지(earthing) 이론

숲길 맨발걷기 시 우리의 몸이 받아들이는 땅의 기운, 즉, 지기

(地氣)는 땅의 전기적 에너지로 인체 본연의 전기적 생태를 복원, 유지하여 최상의 건강상태로 활동할 수 있게 해 준다.

땅을 맨발로 밟을 때 우리는 땅의 기운, 즉, 지기(地氣)를 느낄 수 있다. 이러한 땅의 기운은 도시 안에 있는 공원이나 야산을 걸을 때보다 도시 밖의 큰 산을 걸을 때 더 강하게 느낄 수 있다. 저자가 과거 폴란드 남부지방에 있는 동유럽 알프스 타타르산맥을 맨발로 밟았을 때 느꼈던 그 쩌릿쩌릿한 기운은 아직도 몸에 생생하다.

그러한 기운, 즉, 지기는 무엇을 의미하는 것일까? 바로 지구의 에너지장이자 전기장에서 분출되는 기운이다. 우리가 사는 지구는 태양 방사선, 번개, 지구 핵 등에서 나오는 열 등으로 끊임없이 충전되는 거대한 배터리와 같다. 그러한 지구가 방출하는 자연적인 전기적 에너지를 받아야 지구에 있는 모든 생명체가 조화와 균형을 유지할 수 있다. 그것이 바로 우리와 모든 동식물이 살아가는 지구 생태계의 본질이다.

그런데, 우리가 신발을 신고 있으면 그 안에 깔린 고무 밑창이 합성물질이나 고무 재질로 만들어진 절연체이다. 이로 인해 땅과 우리 몸과의 전기적 에너지 교류가 단절된다. 반면, 신발을 벗고, 맨발로 땅을 밟고 걸으면 우리 몸은 이 지구의 대지로부터 전기적 에너지를 자연히 공급받는다.

신발을 신은 상태에서 우리 몸의 전압을 재면 후술하듯이 통상 3~6 볼트 정도로 측정되는 데 반해, 맨발로 땅을 밟은 상태, 즉, 접지(earthing)된 상태에서 전압을 재면 땅의 전압과 같은 제로(0)

볼트로 바뀌는 데서 그 존재를 확인할 수 있다.

실제 종일 신발을 신고 사는 우리 현대인의 경우, 몸속의 동 활성산소(oxygen free radical)는 양전하를 띈 상태에서 몸 밖으로 배출되지 못하고 있다. 그리고 몸속을 돌아다니면서 전압을 올리고 있다. 원래 활성산소는 몸의 곪거나 상처가 난 곳을 치유하라고 몸 자체에서 보내는 방위군이다. 그러한 상처를 공격하여 치유하고 나면 활성산소는 맨발과 맨땅의 접지를 통해 몸 밖으로 배출되어야 하는데 그러지를 못하고 몸속을 돌아다니면서 몸의 멀쩡한 세포를 공격하여 악성 세포로 바뀌게 한다. 우리 몸에 암이나 심혈관 질환 등 각종 성인병이 발생하는 이유가 동 활성산소의 역기능에서 비롯되는 것이다.

그런데, 그러한 활성산소를 없애는 방법은 바로 맨땅이나 대지와 접지(earthing)를 하는 것이다. 지구표면이 음전하를 띈 자유전자로 충만해 있기 때문이다. 즉, 맨발로 땅을 밟으면 우리 몸속의 양전하를 띈 활성산소가 지표면의 음전하를 띈 자유전자와 결합하여 중화된다. 마치 건물 옥상에 피뢰침을 설치에 놓으면 벼락이 떨어질 때 피뢰침을 통해 접지된 땅속으로 그 낙뢰의 전기적 에너지가 소멸되는 것과 같은 이치이다.

미국의 전기기술자인 클린트 오버(Clint Ober)가 2010년 그러한 접지(earthing) 원리를 발표하였고, 심장전문의 스테판 시나트라 박사 등 의사들과 공동작업하여 그 치유 효과에 대한 실증적 연구 결과를 《어싱(Earthing)》이라는 책(번역 김연주, 히어나우시스템)에 발표하였다.

이는 아메리카 원주민들이 "옛사람들은 말 그대로 흙을 사랑했다. 땅에 앉아 있으면 대자연의 보살핌을 받는 듯한 느낌을 받았다. 땅과의 접촉은 피부에도 좋았다. 옛사람들은 모카신을 벗고 신성한 대지에서 맨발로 걷기를 좋아했다. 흙은 위안을 주고 힘을 북돋아 주며 정화하고 치유한다."라고 한 원리와 같다.

이는 실제 땅속의 전기신호, 땅 에너지, 음전하를 띈 자유전자가 사람 몸과 접지를 통해 체내로 유입되어 안정화하는 과정을 말함이다. 숲길을 걸으면 전자의 형태로 전기적 영양소를 섭취하고, 몸의 양전하를 띈 활성산소를 중화시켜 몸의 안정과 균형을 가져오는 이치이다. 접지는 위와 같이 활성산소를 중화하고 배출시킴은 물론 적혈구의 표면 전하를 올려 혈액의 점성을 낮춤과 동시에 혈류의 속도를 올려 심혈관 질환, 뇌졸중 등을 예방하거나 치유하는 중요한 기능을 한다.

이것이 바로 숲길 맨발걷기의 또 하나의 이론적 근거이자, 우리가 숲길을 맨발로 걸어야 하는 이유이다.

치유의
생리학적 근거

지압(reflexology) 효과

혈액의 펌핑 기능 강화를 통한 혈행의 개선

저자의 집 근처에 사는 왼쪽 반신마비 환자였던 조옥순(여, 67세) 씨는 뇌졸중으로 5개월을 요양병원에 입원해 있다가 저자의 맨발 걷기 권유로 2018년 9월 중순쯤 퇴원하였다. 그리고 본격적으로 맨발로 지압 보도를 걸은 지 3주 만에 마비되었던 왼발로 땅을 쾅쾅 차고, 2개월 만에 왼쪽 뺨과 목 부위까지 차례로 마비가 풀리고, 3개월여 만에 왼쪽 몸이 절뚝거리는 모습이 거의 사라질 정도로 빠른 치유 현상을 보여주었다. 그리고 4개월이 되자 이제는 마비되었던 왼쪽 발이 오른쪽 발보다 더 힘이 생겼다. 이제는 정상인과 거의 같이 걸으며 뛰기까지 하는 모습을 보여주고 있다.

그러면서 맨발로 자갈 지압 보도를 밟으니, 하루가 다르게 몸 상태가 좋아지고 있다며 연신 감사하다고 고개를 숙인다. 거기에다 몸무게까지 약 10kg이 줄어들면서 몸이 한결 가벼워졌다고 한다. 160을 오르내리던 혈압도 이제는 거의 정상으로 돌아와, 의사의 처방으로 고혈압약도 5알에서 1알로 줄였다 한다. 놀라운 치유의 진전이다.

그때 옆에 있던 그녀의 남편이 처음 그녀에게 뇌졸중이 왔을 때, 당시 MRI 사진에서 뇌의 왼쪽과 오른쪽에 두 줄씩의 핏줄이 있었는데, 오른쪽 두 개 핏줄은 까맣게 보였고 왼쪽 2개 핏줄은 손가락 길이 정도로 하얗게 변해 있었다고 설명해 주었다. 뇌의 왼쪽 부위 핏줄이 터져 피가 혈관 밖으로 흘러나왔고 그 결과 몸의 왼쪽 부분에 반신 마비가 왔다는 것이다.

그런데, 다행스럽게도 뇌졸중 증세가 온 지 30분 만에 병원으로 긴급 후송하여 수술하지 않고 약물치료로 혈관의 굳어 있던 피를 녹였고, 그로부터 1개월 정도 만에 하얗게 변했던 부분이 거의 다 까맣게 변하면서, 나름 정상으로 돌아왔다는 것이다. 그래서 병원에서 퇴원하고 요양병원으로 옮겨 물리치료를 계속하였지만, 마비된 왼쪽 반신의 정상화는 쉽게 돌아오지 않던 차에 저자를 만나 오롯이 맨발걷기 하나로 새로운 치유의 과정이 시작되었다.

보통 이런 환자는 몇 년을 치료받아도 마비가 언제 풀릴지 기약할 수 없는 일이라고 한다. 그런데 맨발걷기로 단 두 달여 만에 왼쪽 반신의 뺨, 목, 팔, 발 등의 마비가 차례로 풀려 내렸고, 3개월 차에는 마비되었던 왼팔을 휘휘 돌리고, 4개월 차에는 두 발로 뛰어다닐 정도로 놀라운 치유의 과정을 밟고 있는 것이다. 그럼 어떻게 그러한 치유가 가능하였던 것일까?

이는 맨발걷기의 첫 번째 이론적 근거인 지압(reflexology) 효과의 직접적인 치유의 결과이다. 즉, 하루 2시간씩 오전, 오후 2회씩 맨발로 자갈을 간 지압 보도를 밟으며 발바닥의 수축, 이완을 반복하면서 혈액의 펌핑을 지속하여 강화했다. 그 결과로 빠른 속도로 올라온 혈액이 심장으로 힘차게 돌아온 다음, 다시 그 힘을 받아 심장에서 더 힘차게 뇌 쪽으로 혈액을 뿜어 올렸다. 뇌의 해당 혈관에 혈액을 정상적으로 공급하고, 뇌의 지배를 받는 신경계통 기관들이 정상으로 작동하면서 몸의 왼쪽 각 부위 마비가 모두 풀리고 정상으로 돌아온 것이다.

같은 이치로 저자의 「맨발걷기 숲길 힐링스쿨」의 회원 중 심방세동 환자 서옥순(여, 56세) 씨의 치유 사례 역시 지압효과에 따른 혈액의 펌핑 기능의 강화 및 정상화에 따른 또 다른 치유 사례이다. 통상 심방은 정맥혈을 심실로 전달하여 심실이 효과적으로 혈액을 짜낼 수 있도록 도와준다.

심방세동 환자는 심방이 불규칙적이고 가늘게 빠른 속도로 떠는 질병이다. 정맥혈이 심실로 제대로 전달하지 못하면서 마치 '고춧가루를 뿌린 듯한' 가슴 통증과 답답함의 원인이 되는 것이다. 그런데, 맨발로 숲길을 걸으면서 맨발바닥의 펌핑 기능이 강화됨과 동시에 그러한 심방의 불규칙한 작동이 정상화되었고, 그 결과 지금은 그러한 참기 어려웠던 가슴의 통증이나 답답함이 사라지거나 개선된 것이다.

조옥순 씨의 왼쪽 반신마비의 치유나 서옥순 씨의 심방세동의 문제점 치유 등은 맨발걷기의 첫 번째 이론적 근거인 발 지압효과가 작동함으로써 주어진 치유의 선물이다. 결국, 치유의 현상은 우연히 생기는 것이 아니라 그 생리학적 근거와 이유가 뚜렷이 있는 것이다.

그러한 치유의 현상은 위 두 환자에게만 주어지는 것이 아니다. 맨발로 숲길을 걷는 우리 모두에게 심장 기능과 뇌 활동의 강화라는 소중한 선물로 주어지고 있다.

접지(earthing) 효과

활성산소의 체외 배출

저자의 「맨발걷기 숲길 힐링스쿨」의 한 회원인 최순례(여, 61세) 씨가 "이사 전 수지에서 맨발 산행할 때 한 남자분에게 맨발 효과를 알려 드렸는데, 그분은 저 덕분에 6개월간의 맨발걷기로 고혈압이 정상으로 돌아와 10년 동안 먹던 고혈압, 당뇨약을 다 끊었다며 담당의사가 '어떻게 된 것이냐'며 놀라워했답니다. 우리 맨발 화이팅!" 이라고 소식을 알려 왔다. 놀라운 일이다. 6개월 맨발걷기로 당뇨와 고혈압 약까지 다 끊었다니 그 역시 새로운 치유의 기적이다.

　이러한 놀라운 치유의 사례들이 우연히 일어나는 것이 아니다. 이론적인 또 생리학적인 근거가 뚜렷한 것이다. 즉, 맨발걷기의 첫 번째 이론적 근거인 지압(reflexology) 효과와 두 번째 이론적 근거인 접지(earthing) 효과의 자연스러운 결과이다.

　좀 더 부연해 설명하면, 첫째, 맨발바닥의 지압효과로 인한 혈액의 펌핑 작용으로 깨끗한 혈액이 혈관을 타고 발바닥에서 심장까지, 심장에서 머리끝까지 원활하게 순환함으로써 몸 전체에 펼쳐져 있는 신경체계는 물론 몸 자체의 면역체계를 끊임없이 강화해 준다. 그뿐만 아니라 그로 인해 마비되었던 신체 부위의 기능을 정상으로 복구함은 물론 혈액이나 혈행 관련 모든 질병을 치유한다. 둘째, 접지 효과로 인해 활성산소가 없는 깨끗한 몸을 유지해 나가게 할 뿐만 아니라 적혈구의 표면 전하를 높임으로써 혈액의 점성을 낮추어, 암이나 심혈관 질환, 뇌졸중 등으로부터 자유로운 건강한 신체를 만들어 준다.

　두산백과는 활성산소(oxygen free radical)의 정의를 "현대인의 질병 중 약 90%가 활성산소와 관련이 있다. 구체적으로는 암, 동맥경화증, 당뇨병, 뇌졸중, 심근경색증, 간염, 신장염, 아토피, 파킨슨병, 자외선과 방사선에 의한 질병 등이다. 따라서 이러한 질병에 걸리지 않으려면 몸속의 활성산소를 없애 주면 된다."라고 서술하고 있다.

　결국, 숲길 맨발걷기로 일체의 양(+)전하를 띤 활성산소가 일거에 맨발을 통해 땅속의 음(-)전하를 띈 자유전자와 결합하고 중화하여 소멸하는 바, 이는 두산백과의, "현대인의 질병 중 약 90%가 활성산소와 관련이 있고, 그러한 질병들에 걸리지 않으려면 활성산소를 없애 주면 된다"는 처방에 그대로 부응하는 것이다.

적혈구 제타 전위(zeta potential)를 높여
혈액 점성(viscosity)을 낮추고, 혈류 속도(velocity)를 개선한다

2013년 미국의 〈대체 및 보완의학 잡지(Journal of Alternative and Complementary Medicine)〉 2013.19(2)에 실린 〈접지는 혈액의 점성을 낮추어준다-심혈관 질환의 핵심요인)[1]이라는 논문을 보면, 10명의 건강한 성인으로 구성된 피실험자들에게 접지(earthing)를 시킨 후, 2시간 동안 그 혈액 속의 제타 전위(zeta potential)의 변화와 점성(viscosity) 및 혈류(velocity)의 변화를 측정한 결과가 나와 있다.

이 결과는 10명의 모든 피실험자에게서 제타 전위가 −5.28mV에서 −14.3mV로 평균 2.70배 개선되었고(사람마다 차이는 있지만, 최소 1.27배에서 최대 5.63배까지 개선됨), 그 결과로 혈액의 점성(viscosity)과 응집 현상(clumping)을 낮추었으며, 그로 인해 혈류의 속도(velocity)가 평균 8.15 micrometer/s에서 21.8 micrometer/s로 2.68배 개선되었다(혈류의 개선도 사람마다 차이는 있지만, 최소 1.24배에

---

[1] 〈Earthing (Grounding) the Human Body Reduces Blood Viscosity − A Major Factor in Cardiovascular Disease'〉(P102~110, Gaétan Chevalier, PhD, Stephen T. Sinatra, MD, James L. Oschman, PhD, Richard M. Delany, MD)

서 5.53배까지 개선되었음). 이러한 접지 효과는 제타 전위는 물론 점성도와 혈류의 속도 개선 등 모든 점에서 유사한 배수로 개선이 되었음을 보여 준다. 따라서 접지는 땅으로부터 자유전자를 받아들임으로써 적혈구의 제타 전위를 높이고 점성을 같은 비율로 낮추고 혈류를 개선함으로써, 심혈관 질환의 위험을 현격히 줄여주는 가장 단순하고도 가장 근원적인 치유책이라는 중요한 사실이 밝혀진 것이다.

위 논문에서 저자들은 "평소 운동이나 트랜스지방을 제거하고, 당분 섭취를 줄이고, 금연하고, 오메가3를 섭취하는 일 등은 혈액의 점성을 낮추고 혈류의 개선을 돕기 위한 일들이다. 그런데 접지는 생활방식을 바꾸지 않고도 그러한 효과를 가져다주는 놀랍도록 단순한 일이다"라며 "접지는 자연적인 혈액 희석제(blood thinner)이다. 만약 당신이 와파린이나 쿠오마딘과 같은 혈액 희석제를 복용하고 있다면, 담당 의사에게 맨발로 접지하고 난 후 당신의 혈액 응고시간을 측정하게 한 후, 약의 복용량을 조정해야 할 것이다."라고까지 권고하고 있다.

한편, 위 실험결과의 공저자인 심장의학자 스테판 시나트라 박사(Dr. Stephen Sinatra)는 그의 웹사이트에서, "접지, 즉, 맨발걷기의 가장 중요한 효과는 '묽어진 피, 또는 혈액의 점성이 낮아졌다(thinner blood, or reduced blood viscosity)'는 사실이다. 피가 묽어지면 몸의 각 세포에 산소와 영양소를 더 빠른 속도로 전달하고, 동시에 그 세포들로부터 나쁜 독소를 빠른 속도로 제거해 준다. 반대로 진득거리는 피는 엉겨 붙어 심혈관 질환을 일으킬 가능성을 높인다. 최근의 파일럿 연구(Chevalier 2013)에서 나와 다른 연구자들이 10명의 건강한 사람들을 대상으로 접지 기구를 이용한 접지 전과 2시간 접지 후의 혈액을 채취하여 암시야현미경(dark-field microscope)에 장착한 비디오카메라를 이용하여 분석한 결과 "접지는 혈액의 점성을 낮춤과 동시에 혈류를 개선하였음"을 확인하였다. 즉, 적혈구는 제타 전위가 증가하고 혈액의 점성이 낮추어졌음을 명백하게 보여주었다. 2시간만의 접지에 따른 이러한 변화는 하루 2시간씩 맨발로 숲길을 걷는다면 심장마비나 뇌출혈의 위험으로부터 예방할 수 있음을 시사한다."고 밝혔다.

숲길을 맨발로 걸으면, 활성산소가 중화되고 소멸할 뿐만 아니라 혈액의 점성이 묽어지고 혈류의 속도가 개선되어 위 두산백과가 적시한 현대 문명병의 90%가 예방된다는 이치가 되는 것이다. 그 결과가 「맨발걷기 숲길 힐링스쿨」 회원들의 뇌졸중 후 신체 마비의 치유는 물론 심방세동의 치유, 갑상선암의 치유, 유방암의 치유, 만성두통 및 족저근막염의 치유, 아토피 피부염의 치유, 컴퓨터 증후군의 치유, 이석증의 치유, 당뇨병과 갑상선 암의 동시 치유, 불면증의 치유는 물론 당뇨 및 고혈압의 치유 등으로까지 이어진 사실이 그를 입증한다.

맨발걷기의 치유는 지압(reflexology)과 접지(earthing)의 승수 효과

우리가 숲길을 맨발로 걷는다는 것은 소위 접지(earthing)를 한다는 것이고, 접지한다는 것은 우리의 몸과 대지가 전기적으로 연결 된다는 것이다. 실제 땅속은 어마어마한 규모의 배터리로서 음전하를 띈 자유 전자(free electrons)들이 풍부하다. 맨발로 접지하는 순간 그 자유 전자들이 우리의 몸속으로 들어온다.

그렇게 들어온 자유전자는 우리 적혈구의 표면 전하, 즉, 제타 전위(zeta potential)를 올리는 작용을 한다. 그리고 제타 전위가 올라간다는 것은 적혈구 속 입자들의 반발력이 높아져 결과적으로 혈액의 끈적끈적한 점성이 낮아져 피가 묽어진다.

이러한 현상은 맨발로 걷지 않고, 단지 땅에 발을 대고만 있어도 생긴다. 발을 땅에 대고만 있어도 적혈구가 땅속의 자유전자를 받아들여 제타 전위가 올라가고 점성이 낮춰진다. 점성이 낮추어진다는 것은 피가 묽어진다는 것이다.

이러한 사실은 접지가 사람의 심혈관 질환의 유무에 매우 중대한 영향을 미치는 요소임을 시사한다. 심혈관 질환의 원인은 바로 피가 진득진득해져 혈전이 생기고, 그 혈전이 어디선가 혈관을 막음으로써 발병한다. 심장의 혈관을 막으면 심장마비가 되고, 뇌의 혈관을 막으면 뇌졸중이 되는 바, 그런 현상들을 예방하고 치유하는 엄청나게 중요한 효과가 바로 맨발의 접지(earthing)로부터 시작하는 것이다.

전술한 가에탕 쉬발리에 박사(Dr. Gaétan Chevalier)와 심장전문의인 스테판 시나트라 박사(Dr. Stephen Sinatra), 제임스 오쉬만 박사(Dr. James L. Oschman), 리차드 델라니 박사(Dr. Richard M. Delany) 등 네 사람의 관련 공동 실험결과 10명의 모든 피실험자에게서 제타 전위가 평균 2.70배 개선되었고, 그 결과로 혈액의 점성(viscosity)과 응집 현상(clumping)을 낮추었으며, 그로 인해 혈류의 속도(velocity)도 평균 2.68배 개선되었다.

이러한 접지 효과는 제타 전위는 물론 점성도와 혈류의 속도 개선 등 모든 점에서 거의 유사한 배수로 개선되었음을 보여준다. 따라서 접지는 땅으로부터 자유전자를 받아들임으로써 적혈구의 제타 전위를 높이고 점성을 같은 비율로 낮추고 혈류 역시 같은 비율로 개선함으로써, 심혈관 질환의 위험을 현격히 줄이는 가장 단순하고도 가장 근원적인 치유책이다.

그런데 맨발로 숲길을 걷는 우리는 단순히 접지(earthing)만 하는 것이 아니라, 숲길을 맨발로 걸으며 움직인다. 그리고 어머니 대지로부터 맨발에 지압(reflexology)을 받는다. 우리의 맨발이 땅 위에 널려 있는 돌멩이, 자갈, 나무뿌리, 나뭇가지들과 끊임없이 접촉하면서 그러한 질료들로부터 자연적이고 무차별적인 지압을 받는 것이다.

앞서 인용한 실험은 단순히 접지만 하는 조용하고 정적(靜的)인 행위이지만, 숲길을 맨발로 걷는 것은 동적(動的)인 행위로서 '땅과의 접지+땅으로부터의 지압'이 이루어지는 그러한 행위이다.

신발을 벗은 상태에서 맨발로 걸으며 땅의 질료들로부터 지압을 받는 것이다.

그러한 동적인 행위가 여기서 어떠한 효과로 나타나는 것인지를 살펴볼 필요가 있다. 왜냐하면, 위 실험은 그러한 지압효과에 관해서는 일절 고려하지 않은 실험 결과이기 때문이다.

맨발걷기에서도 앞서 이야기한 전기적인 접지작용 때문에, 우리가 맨발로 숲길에 들어서는 순간부터 우리의 혈액 속 적혈구의 제타 전위가 올라가고, 동시에 점성이 낮춰지면서 혈액이 묽어지는 현상이 생긴다. 그리고 동시에 그런 상태에서 맨발걷기를 하면서 지압까지 받는 것이다. 즉, 발바닥의 각 지압 점들에 대한 마찰, 즉, 지압을 통해 우리 몸의 해당 장기에 지속해서 혈액을 왕성하게 공급하도록 지압 효과가 작동하고 있는 것이다.

따라서 숲길을 맨발로 걷는 우리의 몸은 "접지(earthing)를 통해 혈액이 묽어지는 효과 +지압(reflexology)을 통해 혈액이 왕성하게 흐르도록 혈류의 자극이 강하게 주어지는 상태"가 된다. 결국, 맨발로 걷는 사람들의 혈액순환은 접지 효과로 혈액이 묽어지고, 동시에 지압효과로 혈액순환이 더욱더 왕성하게 이루어져 그 효과가 상승하여 나타난다.

다시 말해 맨발걷기의 경우 접지(earthing) 효과로 혈액이 묽어진 상태에서, 그 혈액을 각 장기로, 몸 전체로 더 활발하게 공급하기 위한 지압(reflexology) 효과가 더해짐으로써 혈액순환의 개선이 승수 효과(multiplier effect)로 나타난다.

숲길을 맨발로 걸을 경우, 앞선 연구의 피실험자들처럼 단순히 앉아서 접지하여 혈액의 점성이 낮춰지고 혈류가 개선되는 그런 정적(靜的)인 효과보다 접지와 동시에 맨발로 걸으며 지압 효과를 받기 때문에 혈류의 개선 정도는 앞의 피실험자들보다 훨씬 더 빨라져 더 왕성하게 혈액이 순환되고 결과적으로 건강증진 효과 역시 단순한 접지보다 맨발걷기가 훨씬 더 크다고 할 수 있다.

결국 맨발걷기의 치유 효과는 "접지(earthing)와 지압(reflexology)의 승수 효과(multiplier effect)로부터 비롯되는 놀라운 자연치유 현상이다"라고 정의할 수 있겠다.

발바닥 아치(arch)와 발가락 추동력의 생리학적 메커니즘

맨발걷기 치유의 또 다른 생리학적인 근거는 발의 구조, 특히 아치(arch)의 기능이 담보하는 신체의 균형 잡힌 직립 자세의 확보와 유지, 작동과 앞으로 땅을 차고 나아가는 발바닥과 발가락의 추동력의 메커니즘이다.

인간은 원래 조물주로부터 맨발로 걷도록 설계되었다고 설명한 바 있다. 그런데, 체중이 60kg인 사람이 하루에 1만 보를 걷는다면, 평균 약 7.5Km를 걷게 되고, 그 경우 7.5Km를 걸을 때의 발의 압력은 한 걸음 당 60kg으로 계산 시 하루 걷기로 인해 발에 가해지는 무게는 대략 하루 600톤 정도로 실로 엄청난 힘이 발에 전달

⟨발의 부위별 이름 및 발뼈의 구성⟩

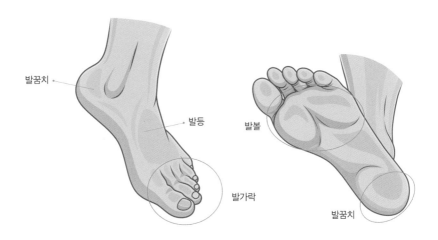

발꿈치

발등

발가락

발볼

발꿈치

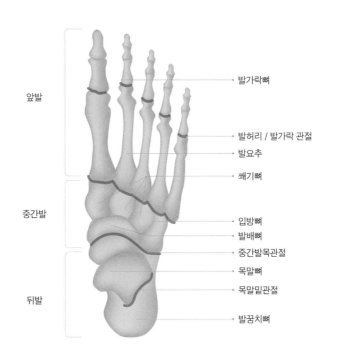

앞발

- 발가락뼈
- 발허리 / 발가락 관절
- 발요추
- 쐐기뼈

중간발

- 입방뼈
- 발배뼈
- 중간발목관절
- 목말뼈
- 목말밑관절

뒤발

- 발꿈치뼈

되는 것이다.

서울대학교병원 신체기관정보에 의하면, 이러한 무게의 힘을 받는 발 한쪽은 26개의 뼈로 구성되어 있으며, 그 뼈의 각각은 19개의 근육과 13개의 하지 힘줄이 횡과 종으로 아치(Arch)를 형성하여 인간의 균형 잡힌 직립 자세의 확보와 보행을 가능하게 한다. 또 발에는 발이 받는 긴장과 비틀림을 견디게 해주는 107개의 인대가 있으며, 이러한 인대는 발의 관절을 결합하는 강력한 띠 모양으로, 외부의 충격으로부터 발의 모양과 기능을 유지한다.

특히 족저근막은 강력한 반신축성 조직으로 발뒤꿈치에서 넓게 퍼져서 발등뼈 머리 부분에 부착되어 발바닥을 덮고 있는데, 발바닥 전체의 형태를 유지하고 발의 상부 구조의 기초이며, 충격을 흡수한다.

이러한 발의 주된 역할은 서 있거나 걸을 때 몸을 지탱하고, 이동 시 가해지는 충격을 흡수한다. 발에는 내측 세로궁, 외측 세로궁, 전족부 가로궁, 중족부 가로궁 등 4개의 아치(Arch)가 있는데, 이러한 아치들은 서 있거나 걸을 때, 달릴 때 충격을 흡수하는 역할을 한다. 아치가 없다면 원상 회복력이 현저히 감소하여 이동할 때 충격 흡수를 할 수 없고, 평발의 경우처럼 발을 질질 끌어 이동할 때 지렛대 기능을 상실한다.

또한, 한겨레신문의 이길우 기자가 쓴 건강칼럼에 의하면, 인간은 두 발이 가진 이런 구조와 기능 덕분에 똑바로 서서 걸을 수 있다. 좀 더 자세히 분석해 보면, 엄지발가락으로 체중을 분산시키

〈발의 아치의 스프링 기능도〉

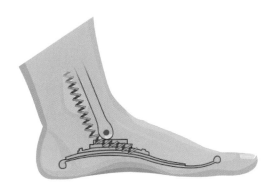

아치가 압축하면서 탄성에너지를 확보한다

면서 중심을 잡아 주고, 네 발가락과 함께 앞으로 걸어가게 한다. 이때 발의 아치형 구조는 몸의 체중과 압박감을 스프링처럼 흡수해 준다. 발꿈치뼈는 모든 균형을 잡아 주고 버티게 해 준다. 발목의 관절이 빗나가지 않고 정확히 앞으로 서서 걸을 수 있게 하는 것이다. 발의 인대와 근육, 뼈의 모든 구조물이 완벽한 직립보행의 예술을 만든다.

사람이 걸을 땐 세 단계를 거친다. 발뒤꿈치로 강하게 딛고('황새처럼 걷기' P226 참조), 발바닥 전체로 힘을 이동시킨 다음('잇몸을 우물거리듯 걷기' p230 참조), 그 힘을 발가락에 실어 박차고 앞으로 나간다('스탬프를 찍듯이 걷기' P236 참조). 만약 발가락 힘이 없으면 박차는 힘이 약해지고, 바닥에서 발목을 떼는 힘까지 떨어진다. 발가락의 힘이 많이 약해지면, 발가락을 질질 끌며 걷게 된다. 그러면 바닥에 작은 요철만 있어도 걸려 넘어지곤 한다.

특히, 걸을 때 엄지발가락에 힘을 주지 못하면 발바닥 앞쪽에 체중을 실어 땅을 딛게 된다. 이 경우, 전신에 균형이 깨지면서 하체의 다른 근육이 스트레스를 받게 된다. 무리한 힘이 가해진 발 부위에는 굳은살이 생긴다. 시간이 지나면 발목과 무릎, 골반, 척추까지 뒤틀리게 된다. 평소 하찮게 여기는 발가락을 무시한 결과가 온몸의 질병으로까지 이어지는 것이다.

이렇게 발이 정교하게 만들어지고 구성되어 있기에, 오래전 뛰어난 자연과학도였던 레오나르도 다빈치(1452~1519)는 "인간의 발은 공학기술 최고의 걸작품이요, 예술작품이다"라고 말했다.

그런데 문제는 문명사회가 되면서 구두를 신게 되었고, 그 속에는 높고 낮은 절연체의 고무 밑창(sole)을 끼워 넣어 착용한다. 결국, 원래 창조된 발의 발뒤꿈치, 발바닥과 발가락의 기능이 차례로 또 정상으로 작동하지 못하고, 구두의 꽉 짜인 좁은 공간 속에 발 전체가 갇혀 조여진 상태에서 정상으로 작동하지 못하게 되었다. 그 결과 인간의 몸과 체형이 정상적인 직립의 각도에서 조금씩 이탈하게 되었다. 동시에 발가락은 본래의 맨땅을 부챗살처럼 펴서 스탬프를 찍듯이 끌어당기는 정확한 추동력을 상실했다. 거기에다 딱딱한 고무 밑창을 씀으로써 발바닥의 아치가 제대로 형성하지 아니하고 평발처럼 변질되는 현상이 생겼다. 때문에 몸의 근골격계가 균형을 상실하고 이상이 초래되었다. 엄지발가락의 뼈가 튀어나오는 무지외반증이나 무릎이 틀어지고, 골반, 척추, 경추가 틀어지는 등 근골격계에 발생하는 문제점은 그렇게 우리가 신는 구두나 하이힐, 등산화 등의 고무 밑창에서부터 비롯되었다.

한 예로, 「맨발걷기 숲길 힐링스쿨」의 회원 이용자(여, 62세) 씨는 5년 전 무릎 연골 수술을 받았는데도 통증이 가시지 않아, 매년 1~2회씩 연골주사를 맞았다. 그런데, 저자의 「맨발걷기 숲길 힐링스쿨」에 와서 평소 신던 등산화를 벗어 던지고 같이 맨발로 걸은 지 2개월 만에 무릎 통증이 사라졌다. 구두를 신는 일상의 생활에서 비롯된 무릎 연골의 통증이 수술이나 약으로도 5년여 간 없어지지 않았는데, 구두를 벗고 맨발로 걸은 지 단 두 달만에 그 통증이 해소된 것이다.

또 한 가지 사례가 더 있다. 바로 저자의 「맨발걷기 숲길 힐링스쿨」 회원 김명애(여, 61세) 씨는 남편의 친구가 고관절 통증으로 수술 날짜를 잡아 놓고 있었는데, 마지막으로 맨발로 한 번만이라도 걸어 보라고 강력히 권유하여 마침내 맨발로 걷게 되었다. 그리고 한 달을 맨발로 걸었더니 고관절 통증이 완전히 사라졌다고 한다. 고관절 수술 자체를 할 이유가 없어진 것이다. 그러면서 맨발걷기를 알려 준 위 김명애 씨를 저녁에 초대하여 한 턱을 크게 내었다 하고, 이제는 친구들까지 10여 명을 맨발걷기로 인도하여 같이 맨발로 등산하고 있다는 소식을 전해주었다.

결국, 위에서 상세히 설명한 발의 구조와 기능에 대한 생리학적 이론과 위 2가지의 치유 사례는 숲길 맨발걷기 효과가 우연히 생기는 것이 아니라, 그 생리학적 근거와 이유가 뚜렷하게 있다는 사실을 다시 한번 명백히 증명해주었다.

NATURAL REFLEXOLOGY

| 제 3 장 |

맨발걷기의
경이로운 치유 사례와 치유 효과

저자는 2001년도부터 폴란드의 카바티 숲길을 맨발로 걸었다. 2001년 당시 TV를 통해 간암 말기의 환자였던 이주선 씨가 청계산을 맨발로 걸어 건강을 회복한 치유의 기적을 보고 "아, 저 숲길 맨발걷기에 무언가 모를 치유의 비법이 숨어 있다"라는 생각이 전광석화처럼 뇌리를 스친 직후이다. 그때부터 시작한 맨발걷기 이후 저자는 스스로 수많은 병증으로부터 회복했다. 그러한 경험과 숲길을 맨발로 걸으며 사유한 결과를 2006년 《맨발로 걷는 즐거움》이라는 책으로 펴냈다.

　그로부터 10년 후, 지난 2016년 7월에는 아예 서울 강남의 대모산에 「맨발걷기 숲길 힐링스쿨」을 개설하여 일반 시민들을 초대하여 무료로 숲길 맨발걷기를 가르치고 계몽하였다. 그 과정에 참여한 일반 시민으로부터 각종 수많은 치유의 증언들이 나왔다. 바로 "맨발걷기는 치유한다."라는 산 증언들이다.

　물론 그 모집단 자체가 크지를 않아(연인원 약 1,600여 명, 실제 참여 인원 약 300명) 수준으로 그 모든 치유 사례를 보편화하기에는 무리가 있을 수 있다. 그러나 "숲길 맨발걷기에는 무언가 모를 치유의 비법이 숨어 있다"라는 애초 저자의 통찰(insight)이 진실일 수 있는 개연성을 충분히 확인하고 시사해 주었다. 이에, 맨발걷기 치유 사례를 독자들에게 알림으로써, 앞으로 더 많은 사람이 숲길 맨발걷기를 하며 건강한 삶을 누리는 계기가 되었으면 한다.

구체적인 치유 사례들

말기 간암, 임파선암, 폐암을 치유하다

2001년 SBS 〈세상에 이런 일이〉란 프로그램에, 맨발로 청계산을 오르내리는 이주선(남, 당시 50대 초반) 씨의 이야기가 방영되었다. 그는 1995년에는 간경화, 1997년 4월 간암 말기에 혈관까지 전이되어서 수술 불가능 판정을 받았다. 1999년 3월에는 임파선암과 폐암까지 판정을 받았다. 그의 친동생도 1998년에 간암으로 사망했다. 그 역시 병원에서 수술 불가 상태의 죽은 몸이나 다름없었다(2008년 11월호, 레이디 경향).

그런데 그는 퇴원 후 집에 드러누워 있지를 않았다. 그날 이후, 마지막 희망으로 새벽에 일어나 해가 질 때까지 청계산을 맨발로 걷고 숲길을 돌아다녔다. 그 한 달 후, 그는 죽기는커녕 오히려 기적처럼 건강을 회복하는 과정이 생생하게 방영되었다.

그 후 병원을 찾아 다시 촬영해 보니, 거의 석화되었던 간이 완벽히 재생되었음을 확인했다. 간과 폐, 임파선까지 뒤덮었던 암세포는 흔적도 없이 사라졌다.

그 방송은 맨발로 숲길을 걷는 치유의 비밀을 보여 준, 우리나라는 물론 전 세계적으로도 최초의 사례가 아니었나 싶다. 저자도 그를 따라 2001년 4월부터 숲길을 맨발로 걸어 스스로 건강을 회복하게 되었을 뿐만 아니라, 당시 저자가 경영하던 해외의 은행 매각 과정에 당면했던 여러 위험을 극복하는 결정적 계기가 되었다.

갑상선 암을 치유하다

2015년 5월 서울의 한 대형 병원에서 유방암 수술을 받은 끝에 유방암은 치유되었으나, 동 수술 중 갑상선 종양이 발견되어 병원으로부터 정기적으로 추적검사를 받았던 이민주(여, 가명, 66세) 씨는 갑상선 종양이 계속 커지고 있어, 조금이라도 더 운동하여 그의 악화를 막으려고 등산화를 신고 대모산을 다녔다. 그런데, 등산 후 돌아오면 끝도 없이 졸리고 힘이 없어 삶의 의욕을 잃어가고 있었다. 그러던 중 지난 2018년 3월 저자의 대모산「맨발걷기 숲길 힐링스쿨」에 나와 맨발로 걷기 시작하면서부터 세상이 바뀌었다고 한다.

맨발로 숲길을 걷기 시작한 이후부터는 졸리고 무기력한 증세가 사라졌고, 등산 후에도 몸이 가벼워지고 피로를 느끼지 않게 되었다. 그래서 죽기 살기로 맨발걷기에 매일 매달렸다. 그로부터 2개월 후인 5월 26일 같은 병원에 가서 다시 검사하였더니 놀랍게도 과거 3cm 크기의 갑상선 종양이 1.6cm로 줄었다는 판정을 받았다.

다른 특별한 치료를 받은 바 없고, 오로지 맨발로 2개월을 매일 대모산을 걸은 것 이외에는 달리 그러한 놀라운 긍정적 변화를 설명할 길이 없다는 것이다. 담당 의사도 이제는 2년쯤 후에 보자며 축하해 주었다.

중증 당뇨병과 갑상선 암을 치유하다

조병목(남, 71세) 씨는 10년 전 뇌출혈로 쓰러져 서울의 한 대학병원에서 왼쪽 뇌수술을 받은 완치 확률 5%에 속하는 뇌졸중 환자였지만 그는 합병증 없이 완치되었다. 그런데 그는 혈당지수가 350~370을 오르내려서 그 이후 7년간이나 혈당 약으로 혈당 지수를 조절하고 있던 가운데 위 대학병원에서 정기 검사를 받던 중, 갑상선 왼쪽 부위에 암이 발견되어 수술 날짜까지 받게 되었다. 워낙 중증이기 때문에 갑상선 2쪽을 다 떼어내야 한다는 병원 측의 진단이 나와, 신중한 결정을 위해 다시 한 대형 병원에 가서도 진찰을 해 보았으나 거기서도 같은 진단이 나왔다.

이에, 그의 처가 민간요법을 해보고 난 후 마지막에 수술을 해 보자는 제안을 하였다. 이에, 먼저 전신에 벌침을 5개월 정도 맞았지만, 뚜렷한 차도를 못 느끼던 중, 교회의 교우 중 한 사람이 볶은 곡식을 먹고 맨발로 걸으면 자연치유가 된다는 이야기를 들려주었다. 그때부터 주 3회 이상 주변의 대모산, 남한산성 등을 정상까지 맨발로 오르기 시작했다. 그리고 유명산 계곡 자갈길 등도 맨발로 걸었다. 발이 부딪혀 깨지기도 하였지만, 일주일 정도 지나면 괜찮아지곤 하였다. 겨울에도 가능한 맨발로 걸었다. 심지어 영하 20도가 웃도는 추위에도 맨발로 샌들을 신고 지냈다. 양말은 물론 신지 않았다. 그러면서 당뇨약도 끊었다.

그랬더니, 몸이 너무나 가뿐해지면서, 맨발로 걷기 시작한 지 2달여 만에 어느새 아침 공복 혈당은 정상 당인 100~110으로 돌아왔다. 그 이후 당이 정상으로 돌아왔기에, 아예 갑상선 암은 더 이상 검사도 해 보지 아니하고 오늘날까지 건강하게 살고 있다. 당뇨병환자는 맨발로 걸어서는 안 된다는 통설을 뒤집는 경이로운 맨발걷기의 치유의 기적이자 그 증언이라 하겠다.

유방암을 치유하다

최순례(여, 61세) 씨는 2016년 유방암 판정을 받았을 때 종양의 크기가 8mm이었는데, 저자의 「맨발걷기 숲길 힐링스쿨」에 참여한 이후로 일주일에 3회 정도 맨발걷기를 꾸준히 하여, 1년 만인 2017년 종양의 크기가 3mm까지 줄어든 사례다.

그래서 맨발로 계속 걸으면 유방암이 완치된다는 믿음을 가지고 있었으나, 가족들이 수술하라고 성화를 하여 서울의 큰 병원에서 간단한 수술로 종양을 제거했다. 입원치료 없이 타목시펜이란 약을 5년간 복용하라는 처방과 함께 당일 귀가하였다.

그리고 2018년 병원에 가서 검진을 받았더니, 유방암 증세는 깨끗이 치유되었다는 검진결과를 받았다. 그녀는 두 손을 번쩍 들고 "나는 맨발로 걸어 행복합니다. 만세!"라고 외쳤다.

다만, 수술 당시 심장에 물이 차오르는 합병증이 생겨 정기 검사를 받으며 한 겨울에도 매일 맨발로 숲길을 걷던 중에 2019년 2월에 다시 병원에서 추적검사를 하였더니 심장의 물이 차오르는 합병증까지 정상으로 돌아왔다는 기쁜 완치 소식을 들었다.

최순례 씨는 최근 양평 숲속으로 이사를 하여, 마침 완성된 집 뒤 둘레길을 하루 2시간씩 맨발로 걸으며 행복하고 즐거운 맨발걷기 생활을 하고 있다.

뇌수술로도 치유하지 못하던 만성두통을 치유하다

20년 이상 앓던 편두통을 맨발걷기로 치유한 김명애(여, 61세) 씨의 사례이다. 그녀는 만성두통으로 유명한 대학병원을 두루 찾아 다니거나 온갖 민간요법을 다 써 보았으나 아무 소용도 없이 고통 스러운 나날을 보내고 있었다.

그러다 2011년 말 서울의 한 유명 대형 병원에서 8시간에 걸친 큰 뇌수술을 받았지만, 투병 생활과 함께 실망과 좌절을 겪어야만 했다. 수술은 잘 끝났다는데 두통은 수술과 관계없이 계속되었다. 언제 또 아플지 모를 두통에 항상 약봉투를 갖고 다녔고, 수술 후 2알로 시작한 진통제는 18알까지 늘어 마침내 마약성 진통제까지 먹는 지경에 이르렀다. 그리고는 몸과 마음이 지칠 때마다 등산화 끈을 묶어가며 대모산과 구룡산을 다녀오면 그대로 쓰러져 눕길 반복했다.

그러던 중 2016년 여름 어느 날 대모산에서 저자가 갓 개설한 「맨발걷기 숲길 힐링스쿨」을 알게 되었다. 반신반의하며 신발을 벗어 던지고 무작정 맨발로 따라서 걷기 시작했다. 맨발로 걸었더 니 신발을 신었을 때보다 몸이 한결 가벼워졌고 기분도 좋아지니 까 본인도 모르게 매일 맨발로 산을 찾았다. 그러면서 맨발걷기의 기쁨과 경이로움에 푹 빠져들게 되었다.

그 이후로 일체의 약물 복용을 끊게 되었고 냉장고 가득하던 그 많던 약을 다 가져다 버렸다. 수술 후 수년간 매년 MRI 찍고 정기 검진을 받아 왔는데, 2018년 봄 담당의사 선생으로부터 "아무런 이상 소견이 없으니 3년에 한 번씩 검사하자"는 말을 듣고, 그 자 리에서 눈물이 주르륵 흘렀다고 한다. 온전히 맨발걷기 하나만으로 뇌수술도 해결하지 못했던 지옥 같은 만성두통의 고질병을 치유한 행운을 거머쥐었다며 그녀는 오늘도 기뻐하며 맨발로 산을 오르고 있다.

아토피 피부염을 치유하다

아토피 피부염으로 평생 고생을 하였던 서윤희(여, 55세) 씨는 항시 배 주위가 가려워 긁었더니 진물이 나곤 했다. 병원을 찾아도 낫지 않던 아토피 피부염이 저자의 「맨발걷기 숲길 힐링스쿨」에 나와 맨발로 걸은 지 5번 만에 깨끗이 낳았다. 매주 토요일 나온 것도 아니므로 치유 기간으로 치면 맨발로 걷기 시작한 지 대략 2개월 만이다.

이에, 숲길에서 여성 회원들이 그녀의 해당 피부염 상처 부위를 들추어 보고 그 치유의 흔적을 확인까지 한 치유 사례이다. 놀라운 사실은 그 이후에도 그녀의 아토피 피부염은 일체 재발이 없는 상태에서 완치되었음을 그녀는 증언하고 있다.

심방세동을 치유하다

서옥순(여, 66세) 씨의 경우에는 60대가 되면서 숨이 차고 가슴이 아픈 증상이 생겨, 대모산을 오가기가 힘들어졌었다. 집에서 대모산까지 오는데 5~6번을 쉬었다 오는 불편한 상황이었다.

2016년에는 어느 날 새벽 2시에 자다가 가슴이 답답해짐을 느껴 급하게 119를 불러 서울의 한 대형 병원 응급실로 갔다. 맥박이 168에서 180까지 올라갔는데, 잘 잡히지 않았다. 약을 써도 혈압이 내려가지를 않자, 담당 의사가 이런 약, 저런 약을 바꾸어 써가며 일시 맥박을 잡은 후 퇴원을 하였다. 그때 알약 5알을 주면서, 또다시 가슴이 답답할 때 그 약을 먹고 응급실로 오라고 하였다.

2018년 4월경 초저녁에 다시 가슴이 답답한 현상이 생겨 또다시 119를 불러 타고 이번에는 전에부터 다니던 한 대학병원 응급실로 갔다. 이번에도 맥이 잡히지 않아 검사가 힘들다고 하였다. 일단 맥을 잡은 후, 근본적인 치료는 어렵다며, 답답할 때면 빨리 병원을 찾는 수밖에 없다고 하였다.

그러다 2018년 여름에 양재천을 걷고 있는데, 한 회원이 저자의 「맨발걷기 숲길 힐링스쿨」을 소개해 주었다. 이에 그녀는 대모산에 와서 회원들과 함께 맨발로 걸었더니 발걸음이 엄청 가벼워짐을 느끼게 되었다. 그 이후, 일주일 내내 대모산으로 와서 맨발로 신나게 걸어 다녔다. 맨발로 걸은 지 17일 차 되는 날, 산에 오르면서 예전에는 숨이 가쁘고 거칠었는데, 숨이 한결 가벼워졌음을 느꼈다. 그 전에 가슴이 찢어지듯이 아프거나 고춧가루를 뿌려 놓은 듯 아팠던 증상도 많이 개선되었음을 인지했다.

그 후, 그렇게 좋아진 상태가 진짜인지 스스로 확인하기 위해,

양재천 흙길에서 맨발로 속보로 걷거나 맨발로 뛰어 보았다. 심장에 특별한 문제가 없음을 확인하고 자신도 놀랐다.

맨발걷기로 심장의 심방과 심실이 고루 잘 작동하기 시작했음을 확인한 것이다. 아직 100% 완치라고는 장담은 못 하지만, 그녀가 숲길 맨발걷기를 계속하는 한 앞으로 119를 부르거나 병원 응급실 가는 일은 없을 것으로 믿고 있다.

뇌졸중 후 온 왼쪽 반신마비를 개선하다

조옥순(여, 67세) 씨는 2018년 초 집에서 전화하는데 갑자기 말을 어눌하게 사용하자 옆에 있던 남편이 119를 불러 한 대학병원 응급실로 이송했고, 즉각 응급처치를 시행하여, 최악의 상황을 면할 수 있었다. 병원의 소위 골든타임을 넘지 않은 의학적인 처치가 있었기에 회복이 가능했다. 하지만, 1달 간의 입원 후 어느 정도 회복이 되었지만 왼쪽 반신마비가 풀리지를 않았다. 이에 요양병원으로 옮겨 입원하여 5개월 여를 물리치료를 매일 받았다. 그러나 왼쪽 뺨, 목, 팔, 다리 등의 마비는 끝까지 풀리지를 않았다.

2018년 늦여름 어느 날 일요일이라고 요양병원에서 외출했다. 저자의 집 옆 근린공원에 남편 손을 잡고 절뚝거리며 산책을 나왔다가 저자를 만나게 되었다. 저자가 그녀에게 신발을 벗고 맨발로 자갈 보도를 걷도록 권유했다. 10여 년 전 대구의 한 독자가 경추

3번 수술을 받은 후 왼쪽 팔 기능에 문제가 생겼으나, 저자의 졸저 《맨발로 걷는 즐거움》을 읽은 후 집 앞 자갈길을 맨발로 매일 2시간씩 2개월간을 걷고 깨끗이 치유되었다는 사실을 기억했기 때문이다.

그러자 즉석에서 신발을 벗고 맨발로 걷기 시작한 그녀는 맨발로 걷는 것이 좋다며, 그 이후에는 요양병원에서 아예 퇴원하여 매일 맨발로 하루 2~3시간씩 자갈 지압 보도를 걷기 시작했다. 그렇게 자갈 지압 보도를 걸은 지 1주일 만에 몸이 가벼워진다는 소감을 밝혔고, 2주일 만에 발걸음도 가벼워졌을 뿐만 아니라 왼발이 마비가 풀리는 듯하다는 놀라운 변화를 이야기하였다. 그리고 3주째는 왼쪽 뺨의 마비가 풀리고 그 밑의 목 부분까지 마비가 풀리기 시작하는 느낌을 받는다고 이야기하였다. 그리고 이제는 발을 찰 수도 있겠다고 이야기하며, 마비가 왔던 왼발로 땅을 쾅쾅 찼다. 자갈 지압 보도를 맨발로 걸은 지 3주 만에 마비되어 마치 허공을 딛는 듯했던 왼쪽 발에 힘이 들어가기 시작한 것이었다.

다음 4주째는 그동안 풀리지 않고 있던 손가락의 마비까지 풀리기 시작했다. 손가락을 쥐면 관절에 소리가 나면서 그동안 마비로 못 쥐던 손가락을 쥘 수 있는 상황까지 진전되었다. 그렇게 하여 왼쪽 뺨의 마비가 풀린 후, 바로 밑의 왼쪽 목 부분으로 통증이 내려왔고 드디어 왼쪽 목 부위까지 마비가 풀렸다. 그 며칠 후에는 왼쪽 손을 축 늘어뜨리고 다녔었는데, 이제는 마비된 왼팔까지 휘휘 돌렸다. 처음에는 혼자 걷지도 못하여 땅바닥에 주저앉기도

하고 팔은 쳐들지도 못하던 그녀가 맨발로 자갈 지압 보도를 매일 2~3시간씩 걷기 시작한 지 100일 정도의 기간에 마비되었던 왼쪽 반신이 자유자재로 움직이고 돌려지고 굽혀지는 놀라운 치유의 과정을 보여주었다.

그 후 4개월이 지나자 거의 정상인과 같은 모습으로 회복했다. 심지어는 집에서 지압 보도까지 오가는 길에 한 200m 정도는 뛰어서 다닌다고까지 하면서, 뛰는 모습까지 보여주었다. 그 뛰는 모습은 정상인과 조금도 다르지 않은 균형 잡힌 모습이다.

이제 남은 것은 천천히 걸을 때 아직 약간 절뚝거릴 뿐이다. 그러나 그 다리를 절뚝거리는 각도 역시 지난 3개월 전이나 2개월 전과는 확연하게 다른, 바른 자세를 유지하고 있다. 머지않아 거의 정상인과 똑같은 균형 잡힌 걸음을 걸을 수 있을 것으로 보인다.

그러한 치유의 과정과 경과에 대해 당사자는 몇 년이 걸려도 마비가 풀리기 어려웠던 상황이 불과 3개월여 만에 거의 다 풀렸다며 마비되었던 왼쪽 발로 땅을 쾅쾅 차고, 또 마비되어 쳐들지도 못했던 왼쪽 팔을 휘휘 돌리고 두 발로 뛰며 환호했다.

조옥순 씨의 뇌졸중에 따른 왼쪽 반신의 마비 사례는 초기 골든 타임을 넘기지 않은 병원에서의 의학적인 처치와 그 이후 재활 과정의 자갈 지압보도 위 맨발걷기의 협치가 이루어 낸 또 하나의 구체적인 치유 사례이다. 그 치유의 과정은 유튜브에 "맨발걷기 치유 사례 9(1~4)"로 올려져 있다.

고혈압을 치유하다

조옥순 씨도 맨발로 걸은 이후 혈압약을 5알에서 1알로 줄였고, 그 이후 정상 혈압을 유지하고 있다. 오로지 맨발로 걷는 이외 다른 개선의 이유가 없는 일이다. 또, 「맨발걷기 숲길 힐링스쿨」의 회원 배자연(여, 65세) 씨도 가족력이 있던 고혈압이 다른 약이나 치료 과정 없이 맨발걷기로 치유되었다고 증언하였다.

또 전술한 최순례 씨의 분당 지인(남, 60대 중반)도 "분당 불곡산을 한 달에 20일 이상 맨발로 1년 이상 등산한 결과, 10년 이상 혈압약을 복용했었는데, 이제는 혈압이 125~80의 정상으로 돌아왔다."라고 증언해 주었다. 맨발걷기로 인한 고혈압의 치유사례이다.

족저근막염을 치유하다

김명애(여, 61세) 씨의 경우, 아침저녁으로 그녀를 그토록 괴롭히던 또 다른 통증인 족저근막염도 맨발로 걸은 지 한 달쯤 되었을 때 통증이 찌릿찌릿한 느낌으로 바뀌었고, 2개월이 되면서 그 통증이 완전히 사라져 족저근막염까지 치유되었다고 증언하였다.

족저근막염은, 통증도 괴롭지만, 마음 놓고 걸을 수가 없으니 삶의 질이 현저히 떨어지고 우울증도 함께 동반하였다. 그래서 족저근막염 치료를 잘 한다는 병원을 찾아가 1년 넘게 치료를 받아봤지만, 별다른 차도가 없었다.

그렇게 그녀를 괴롭히던 족저근막염에도 맨발걷기가 답이었다. 결국, 김명애 씨는 만성두통과 족저근막염까지 맨발걷기로 동시에 치유한 행운의 주인공이 되었다.

무릎연골 통증과 족저근막염을 치유하다

이용자(여, 62세) 씨는 몸의 대들보인 허리는 물론 무릎, 어깨, 손, 관절 등 근골격계의 골조가 선천적으로 약했다. 그런 와중에 2013년 무릎 연골 파열로 인한 시술을 받았다. 당연히 오랜 시간의 고심 끝에 시술을 받기로 결정하였으나, 걱정했던 대로 결과가 좋지 않아 고생을 엄청 많이 했다. 병원의 처방대로 걷기운동과 무릎 펴기 운동을 열심히 했다. 그러나 무릎은 뻑뻑하고 통증이 심해서 걷기조차 힘들었다. 겨우겨우 절뚝거리며 걸었다. 의료보험 혜택상 1년에 2회만 맞을 수 있는 연골주사를 맞아왔지만, 주사 역시 일시 무릎이 부드러워지는 듯한 느낌만 있었을 뿐 통증 해소에는 별다른 도움이 되지 않았다.

마지막 연골주사를 맞은 때가 2017년 11월 27일이었다. 2018년 6월 초쯤 연골주사를 맞을 시기가 되었지만, 병원 갈 기회를 차일피일 미루다 7월 초에 그 전부터 벼르던 숲길 맨발걷기를 실천해 보았다.

맨발걷기를 해보니 왠지 모르게 기분이 상쾌하고 좋았다. 당장 아무 변화를 못 느껴도 그 기분, 그 좋은 느낌만으로 양재천의 숲길을 또다시 찾아갔다. 그런데 맨발걷기를 한 지 5일째 되는 날 아침에 일어나면서 그동안에는 관절염을 앓던 탓으로 아침마다 뻑뻑하고 잘 펴지지도 않았던 손이 이불을 들치는 순간 한 번에 아주 부드럽게 확 펴졌다. 순간 "어, 어떻게 이럴 수가 있지?"라고 하면서 그냥 지나쳤는데, 다음 날 아침에도 또 그렇게 느껴졌고, 그 다음 날 아침에도 똑같은 놀라운 현상이 계속되었다. 그러다 맨발걷기 8일째 되는 날 아침 그렇게 뻑뻑하던 손이 갑자기 부드럽게 잘 펴지는 현상에 대해 골똘히 생각하게 되었다. 병원 다녀온 것도 아니고, 약을 먹은 것도 아니고, 주사를 맞은 것도 아닌데, 별안간 손가락이 왜 이렇게 부드러워졌지… 요새 내가 뭘 먹었나 하는 순간, 요 며칠 맨발걷기를 하고 있다는 사실을 생각해 내었다. 바로 맨발걷기의 효과였던 것이다.

동시에 무릎도 한결 부드럽게 기능하고 있다는 사실을 인지했다. 어깨 통증으로 잘 안 올라가던 팔도 부드럽게 돌아가고 회전이 원활해진 사실도 느끼게 되었다. 손의 관절들, 무릎, 어깨의 문제점들이 한꺼번에 좋아진 것을 알게 된 순간…. 맨발걷기의 효과라는 것을 몸으로 느꼈다. 정말 이루 말할 수 없는 기쁨과 신기함에 뛸 듯이 기뻤다. 진작 알았으면 시술하면서 겪은 고생을 안 했을 수도 있었을 텐데 하는 아쉬움과 안타까움이 일어났지만, 지금이라도 이렇게 맨발걷기를 알게 되어 얼마나 감사한지 모른다.

병원에서도 고칠 수 없었던 근골격계의 병을 단지 신발을 벗고, 맨발걷기만으로 좋아진 것이니 마치 기적이 일어난 것 같다. 그 직후 양재천 숲길에서 대모산의 「맨발걷기 숲길 힐링스쿨」에 관해 들었다. 그다음 토요일 바로 동참했다.

대모산의 「맨발걷기 숲길 힐링스쿨」 교육장에서 맨발걷기에 대한 교육 내용을 들었다. 맨발로 땅을 접지하는 순간 우리 몸의 활성산소가 빠져나가는 것이 마치 낙뢰가 피뢰침을 맞고 땅속으로 소멸하는 현상과 같은 이치라는 원리를 배웠다. 그리고 숲길을 맨발로 걸으면서 맨발의 지압효과로 인하여 온몸의 혈액순환이 개선되고, 무릎, 요추, 척추 등 근골격계를 싸고 있는 근육들이 맨발걷기로 말랑말랑해지면서 손과 무릎, 요추, 척추, 어깨 등 관절 주변의 굳은 근육들 때문에 눌려 있던 신경들이 부드러워 진다는 사실들을 모두 알게 되었다.

Top 5에 속하는 대형 병원에서도 못 고치는 무릎 관절염으로 1년에 두 번 씩 맞아오던 연골주사를 1년이 넘도록 맞지 않고도 통증이 사라지고 부드러워졌다. 이제는 날씨가 쌀쌀해도 맨발로 걷는 시간이 기다려진다.

그녀는 또 족저근막염도 있었다. 그래서 어디를 가다 보면 발바닥의 통증으로 잠시 앉아서 신발을 벗고 발을 주물러 주며 쉬어 가곤 했다. 그런데 맨발로 걸은 이후, 족저근막염으로 발이 아팠던 적이 없었다는 사실도 또한 깨닫게 되었다. 본인도 모르는 사이에 그렇게 아팠던 족저근막염조차도 사라진 것을 확인하게 된 것이다. 이 역시 숲길 맨발걷기가 주는 치유의 선물이었다.

근골격계 문제점들을 치유하다

경수자(여, 51세) 씨는 「맨발걷기 숲길 힐링스쿨」의 회원인 언니의 권유로 맨발로 걷기 시작했다. 직전 3일간 맨발로 걸을 수 있는 흙길이 없어 포항의 집 옆 파쇄석 자갈길을 하루 20~30분씩 걸었다. 4일째는 서울 봉화산에서 숲길을 맨발로 걷다가 5일째에 처음 대모산에 와서, 저자의 「맨발걷기 숲길 힐링스쿨」에 합류했다.

그녀는 며칠간의 맨발걷기의 효용을 진솔하게 증언했다. 원래 그녀는 몸의 뼈와 관절 등이 전체적으로 좋지 않아 허리를 15도 이상 제대로 굽힐 수도 없었다. 손가락도 구부릴 수 없을 정도로 심한 근골격계 환자였다.

첫날 맨발로 파쇄석 자갈길을 발바닥이 아픈 것을 참고 20~30분을 걸은 다음 날, 허리가 밑에까지 90도 이상 구부려지는 사실에 우선 스스로 놀랐다. 다음날 다시 한번 더 맨발로 걷고 난 이후에는 손가락을 꽉 쥘 수 있을 정도로 손가락 관절이 유연해졌을 뿐만 아니라, 잠을 잘 자게 되었고, 몸이 가뿐하여 김치를 담는 등 집안일을 훨씬 더 수월하게 할 수 있었다.

불과 하루 이틀만의 자갈길 맨발걷기로 이렇게 놀라운 변화가 생겼다는 사실에 회원들도 모두 놀랐다. 다 같이 큰 박수로 축하

했다. 그 이후에도 거의 매일 맨발로 걷고 있는 그녀는 수족냉증까지 치유하여 "손과 발이 따뜻해졌다"라는 소식까지 전해주었다. 하지만, 근골격계의 문제점들이 다시 생기고 있다는 소식에 저자는 그녀에게 파쇄석 자갈길이나 자갈 지압 보도를 찾아 집중적으로 걷도록 권유하고 있다. 위 조옥순 씨 사례처럼 지압효과를 극대화하기 위함이다.

척추관협착증을 치유하다

정연순(여, 가명, 72세) 씨는 오래전부터 허리 병을 앓았던 환자였다. 의학적으로 병명은 척추관협착증과 척추전방전위증으로 척추에서 앞으로 뼈가 밀려 어긋난 상태라고 병원에서는 수술해야 한다고 하였다. 그래도 수술 후유증이 만만치 않다는 이야기들이 많아, 수술하는 것은 아예 배제하였다. 허리가 낫는다고 하여 징그러운 뱀탕도 먹는 등 안 해 본 민간요법이 없을 정도로 다 해보았으나 치유되지를 않았다.

한방병원에도 가서 한약도 먹고 벌침도 맞았다. 또 친구 소개로 강남에 있는 한의원에 가서 한약을 먹으며 대침을 여러 번 맞았지만 재발하곤 하였다. 그래도 매일 그 한의원에 가서 하루를 보낼 정도로 계속 한방치료를 받아 왔다. 그러던 와중에 무릎도 퇴행성 관절염까지 겹쳐 걷기조차도 힘들었다. 거기에다 한약을 많이 먹어서인지 간 수치까지 나빠져 간 기능 검사도 받아야만 했다.

그래도 낫지 않아 고생하고 있을 즈음, 2017년 10월에 저자의 「맨발걷기 숲길 힐링스쿨」을 알게 되었고, 맨발걷기를 알게 되어 매주 토요일 참가하였다. 그런데 3번인가 하고 동절기를 맞아 종강하여 겨우내 맨발걷기 운동을 못 했다. 그러던 중 몸살감기가 심하게 와 죽을 고비를 넘기던 무렵, 허리와 무릎의 통증이 재발하여 한약과 대침 치료를 계속 받았다. 그래도 낫지를 않고 통증이 계속되던 중, 2018년 봄 「맨발걷기 숲길 힐링스쿨」의 개강식에 참여하여 맨발걷기를 본격적으로 시작하면서, 무언가 통증이 나아진다는 느낌을 받게 되었다. 그 때부터 본격적으로 내가 살길은 맨발로 걷는 것 밖에 없다는 생각으로 2018년 1년 내내 하루도 빠지지 않고 대모산, 구룡산을 맨발로 걸었다.

그렇게 꾸준하게 성실히 맨발걷기 한 결과 2018년 봄 이후 1년 가까이 한의원에 치료를 받으러 간 적이 없다. 그리고 허리와 무릎에 큰 통증 없이 잘 지내고 있다. 그렇게 맨발걷기 운동은 누구나 열심히만 하면 치유의 기적이 일어나는 운동이다. 그래서 남편에게도 권하고, 친인척과 친구 및 이웃들에게도 수시로 맨발로 숲길을 걷도록 권유하고 있다. 참으로 쉽고 단순한 그리고 효과 만점의 운동이 바로 맨발걷기이다.

손목터널증후군을 치유하다

하천수(남, 59세) 씨는 금융업무 직종에 근무하다 10여 년 전부터 컴퓨터를 많이 사용하여 손끝, 팔꿈치 등에 쥐가 나는 듯 아픈 증세가 심해 결국 직종을 바꾸기 위해 퇴직하였다. 그리고 병원에 다녀도 통증이 가라앉지 않아 늘 고생을 하던 중, 대모산 「맨발걷기 숲길 힐링스쿨」에 참여하여 맨발로 걸으면서 마법같이 통증이 사라진 사례이다.

그는 매주 토요일에 갖는 대모산 맨발 산행에 6번쯤 참여했다. 단 6번 참여하고 손끝과 손목, 팔꿈치 등의 통증이 어느새 사라졌다는 사실을 알게 되었다. 그러나 그 후 2~3일이 지나면 다시 통증이 생겨 평일에도 집 근처 북한산 둘레길을 매일 걸었다. 그렇게 매일 맨발로 잠시라도 숲길을 걸으면 금방 통증이 사라졌다. 지난 10년을 고생하던 소위 손목터널증후군이나 컴퓨터 증후군의 통증이 매일 맨발로 걷자 거짓말처럼 사라졌다.

한편, 「맨발걷기 숲길 힐링스쿨」의 또 다른 한 회원도 손목터널증후군이라는 진단으로 병원과 한의원 치료를 받던 중 우연히 발바닥 자극이 손끝 저림 증상까지도 완화하는 경험을 하여 맨발걷기 운동을 시작했다. 그리고 약 10일간 사패산 맨발 산행을 한 후, 한의원 치료를 받지 않아도 될 만큼 손가락 저림도 완화되었다는 소식을 알려 왔다. 이 사례 역시 하천수 씨의 치유 사례와 맥을 같이 하는 사례이다.

안구건조증(눈물샘 장애)을 치유하다

서옥순(여, 66세) 씨의 경우, 과거 눈꺼풀 수술을 3번이나 하는 등 그 수술의 후유증으로 눈물샘이 망가져 인공눈물이 아니면 종일 눈이 시려 눈을 뜨고 다닐 수가 없었다. 그런데 2018년 저자의 「맨발걷기 숲길 힐링스쿨」에 나와 맨발로 대모산을 걸은 지 한 달만에 인공눈물을 아침에 한 번만 넣고도 종일 잘 지내게 되었다. 맨발걷기 후, 눈이 편안해진 것을 확인하게 된 사례이다.

그리고 배자연(여, 65세) 씨 역시 "알레르기약 부작용으로 안구건조증이 심하였는데, 맨발걷기 후부터 밝은 세상을 보듯 시야가 환해지고, 눈 피로감이 사라지고, 시력이 좋아지는 쾌재를 누리고 있습니다~"라고 증언한 바 있다.

두 사례가 모두 맨발걷기로 인한 안구건조증, 즉, 눈물샘의 장애에 대한 구체적인 치유 효과를 보여준 사례들이다.

일상에서
접하는 치유 효과

불면증의 해소 및 행복한 잠으로의 초대

숲길 맨발걷기는 행복한 잠으로의 초대이다. 고즈넉한 숲길 산책은 마음의 평화를 가져다준다. 숲길에서 만나는 생명체들을 통해 생명의 아름다움을 확인하는 순간 마음은 잃었던 평정을 되찾게 된다. 그것은 궁극적인 긴장의 해소이고 스트레스로부터의 해방이다.

더더욱 맨발과 대지의 만남은 자연이 선사하는 최상의 마사지 효과를 맛보게 한다. 발바닥을 통해 솟구쳐 오르는 대지의 정기는 뻐근했던 몸의 긴장을 풀어주고 맨땅의 흙과 자갈, 나뭇가지 등은 자연 그대로의 지압 도구가 되어 맨발을 기분 좋게 자극한다. 발바닥에 산재한 온몸의 지압 점을 눌러 뭉쳐 있던 몸을 부드럽게 풀어준다.

편안한 분위기에서 발 마사지를 받을 때 자신도 모르게 곤한 잠에 빠진 경험이 있을 것이다. 노곤해지면서 잠이 찾아오는 편안한 느낌, 맨발로 걷는 숲길은 바로 그런 아늑함과 편안함을 선사한다.

저자의 「맨발걷기 숲길 힐링스쿨」의 회원 중 신체가 건장하여 일체의 질병이 없던 유광용(남, 55세) 씨는 신경이 예민하여 평소 밤에 잠을 잘 못 이루었다. 적은 소리나 불빛에도 잠을 깨어 날밤을 새운 적도 많았다. 그런데 맨발로 걷기 시작한 후부터는 자리에 누우면 바로 잠에 빠질 뿐만 아니라 웬만해서는 깨질 않아 이제는 알람을 켜고 자야 하는 상황으로 바뀌었다. 더욱 맨발걷기 후 전립선 비대증이나 두통도 사라지고 몸도 한결 가벼워졌다.

불면에 시달리는 현대인은 그래서 신경 안정제나 수면제를 찾을 일이 아니다. 편안한 숙면을 취하기 위해 맨발로 숲길을 걸어야 한다. 꾸준히 걷다 보면 뿌리 깊이 박혀 있는 긴장도 풀려나가고 서서히 깊은 잠 속으로 빠져든다.

하루에 한두 시간의 숲길 맨발걷기, 그것은 자연이 주는 최상의 수면제이자 안정제이다. 부작용이 없는 지상 최대의 명약이 바로 맨발걷기이다.

배변 활동이 증가하고 변의 질이 바나나처럼 바뀐다

숲길을 맨발로 걷게 되면 화장실을 자주 찾게 된다. 하루에 통상

한번 가던 것이, 두세 번으로 그 횟수가 늘어난다. 또한, 맨발걷기 후 변의 질도 좋아져, 마치 바나나처럼 잘 빠져나온다고 증언한다.

그것은 바로 맨발걷기가 가져온 장기의 활동증진 결과이다. 맨땅과 맨발의 접촉, 거기에서 땅 위에 산재한 질료들은 발바닥에 산재한 반사구들을 끊임없이 자극한다. 그리고 그것은 내장이 활발하게 활동하는 계기를 제공한다. 그동안 정체되어 있던 장기들이 다시 힘차게 움직이기 시작하면서 오랫동안 쌓여 있던 침전물과 독소를 배출한다.

위와 십이지장, 소장, 대장이 자극을 받아 빠르게 움직이면서 몸 안의 노폐물들을 배출시키기 위하여 배변 활동의 횟수는 자연스럽게 증가한다. 더욱 활발해진 배변 활동은 맨발걷기가 선사하는 또 다른 건강의 선물이다. 그것은 몸 안을 정화하기 위한 자연의 처방이 맨발걷기로부터 시작하기 때문이다.

배변 활동의 증가는 얼굴에 화색을 돌게 하고 결과적으로 건강과 젊음을 되찾게 하는 회춘의 보약으로 작용한다. 이렇게 구체적으로 나타나는 삶과 신체의 변화를 통해 우리는 맨발걷기가 제공하는 또 다른 치유의 기적과 만날 수 있다.

감기로부터의 해방

'감기를 늘 달고 산다.' 그것이 바로 과거 저자의 모습이었다. 시도 때도 없었다. 감기 환자가 근처를 지나가기만 해도 어느새 감기가 옮겨와 있었다. 그래서 맨발걷기 전 1990년대 저자의 사무실 문에 '감기 환자 출입 금지'라는 표시까지 내걸어야 했다.

언제든 감기에 노출되어 무방비 상태에서 전염되는 상태, 몸의 면역체계에 이상이 생긴 것이다. 몸의 균형상태가 깨졌기 때문에 감기에 쉽게 걸렸던 것이다.

그런데 2001년 맨발걷기를 시작한 이후 상황은 달라졌다. 주위에 감기 환자가 있더라도 바로 전염되는 일은 다시는 일어나지 않았다. 간혹 감기에 전염되더라도 전처럼 길게 가지 않았다. 몸의 면역체계가 다시 정상으로 돌아왔다는 것을 의미한다.

맨발걷기의 즉각적인 효험이었다. 몸의 면역력과 저항체계의 강화, 그것은 맨발걷기가 가져다준 근본적인 체질의 변화였다. 저자의 몸에 내재하고 있는 건강시스템의 근본적인 개혁이었다.

당시 폴란드의 맨발인 스타니스와브 펠츠 씨도 저자에게 자신의 맨발걷기에 대한 경험을 설명하면서, 자신이 맨발걷기를 한 그 전 14년간 한 번도 감기를 앓은 적이 없음을 증언한 바 있다. 맨발걷기는 그렇게 감기로부터의 해방을 약속한다.

성적 능력의 증대
....

숲길을 맨발로 걷는 행위는 맨발과 대지, 맨발과 대지 위 모든 질료와의 끊임없는 접촉이다. 그러한 접촉은 발바닥의 탄력을 증진하고 이물질에 대한 저항력을 향상한다. 양말 속에, 구두 속에 감추어져 왔던 우리의 부드러웠던 발이 숲속으로 걸어 들어감으로써 강인한 맨발로 바뀐다. 그렇게 접지하고 지압한 맨발은 심리적인 자신감과 당당함을 불러들인다. 그리고 그 당당함과 자신감은 현대 남성의 콤플렉스인 성 기능 저하와 조루 현상까지 어느 정도 해결한다.

과거에 직장 동료들과 합숙 연수를 마친 다음 날 토요일 오전 약 1시간 반 정도 맨발 산행을 하였더니, 그날 밤 부인으로부터 "당신 어떻게 이렇게 달라졌어요?"라고 칭찬을 받았다는 한 젊은 동료의 이야기는 이제 아련한 전설이다. 또한, 병원의 오랜 처방으로 신경안정제 등을 과다 복용한 한 회원은 맨발로 걸은 지 2일 만에 그동안 지난 수개월을 숙이고 있던 남성이 모처럼 불끈 일어섰다며 그다음 날 아침 저자에게 기쁜 목소리로 전화까지 하였다.

우리는 아랍인들의 전설적인 성적 능력에 대해서도 많은 이야기를 들어 온 바 있다. 아라비안나이트의 천일야화도 그중 하나일 것이다. 그들은 어릴 때부터 사막의 모래에 성기를 단련시킨다고 한다. 그래서 강화된 성적 능력을 생래적으로 확보하고 유지할 수 있었다고 전해진다.

맨발로 숲길 맨땅을 걷는 것은, 아랍인의 성기 단련 행위와 맥을 같이 하고 있다. 발바닥에는 숨겨진 성감대들이 무수히 포진하고 있다. 또한 성 기능과 관련된 지압 점이 있어 그를 자극함으로써 더욱 강한 성적 능력을 가지게 되는 것이다. 이런 지압 효과는 맨발이 되었을 때 더욱 높일 수 있다.

양말 속에 축축이 젖어 악취를 풍기던 발을, 밝은 대명천지에 당당하게 걷게 해야 한다. 맨발이 선홍색 건강한 발로 새롭게 태어날 때, 성적 자신감도 함께 증가한다. 아침마다 달라지는 남성의 재확인을 통해 숲길 맨발걷기의 강력한 힘을 체험해 보시라. 맨발걷기의 한 걸음 한 걸음이 전하는 당당한 메시지이다.

갱년기 여성의 생리 재개

갱년기 생리현상의 불순을 경험하고 있던 한 여성이 수차례에 걸쳐 맨발로 숲길을 걸은 이후 생리현상이 재개되었다는 놀라운 이야기를 전한 적이 있다.

그렇다. 숲길의 맨발걷기는 퇴화하고 있는 신체의 기능을 정상화하는 신비로운 효험을 갖고 있다. 폐경기 직전의 여성에게 생리를 연장하고, 신체의 시간을 늦게 갈 수 있도록 조정하는 힘이 맨발걷기에 있는 것이다. 이는 남성의 성적 능력 증대와도 같은 이치다.

중국 난징 산부인과 병원의 수석 의사인 휘송(Hui Song)이 발표한 50명의 산부인과 환자에 대한 발 지압 치료 결과 여성의 생리현상과 관련된 중요한 임상 보고서를 인용해 본다.

"월경불순 등 부인과 질병을 앓는 20세에서 51세까지의 50명의 여성을 10회에서 2년까지 발 지압을 통해 치료한 결과 42명(84%)의 환자가 산부인과 질병이 완전히 치유되어 월경불순 없이 정상적인 생리현상을 보였다. 나머지 8명(16%)의 환자 경우에는 거의 완전에 가깝게 치료되었다."

이 보고서는 전문적인 발 지압 치료의 결과이지만, 숲길 맨발걷기를 꾸준히 시행할 경우 같은 또는 그 이상의 효과를 가져올 수 있다는 것이 저자의 믿음이다. 숲길 맨발걷기의 경우 발의 지압뿐 아니라 자연과의 합일을 통한 정신적 불안 요소의 제거까지 이루어지기 때문이다.

무좀과 발 냄새로부터의 해방

무좀균은 음습한 곳에서만 서식한다. 구두와 양말 속에 가두어져 있는 발과 발바닥은 무좀균이 서식하기에 안성맞춤의 환경이다. 그래서 현대를 사는 대부분 사람에게 무좀은 커다란 골칫거리이다. 그리고 그것은 발 냄새의 주범이어서 타인에게 종종 무안한 감정을 갖게 한다. 무좀과 함께 음습한 곳에 버려져 있는 발, 부끄럽지만 그것이 오늘날 우리 대부분이 가진 발의 모습이다.

맨발로 숲길을 걷기 시작하면, 즉, 맨발걷기의 삶을 실천하면 발의 모습은 바뀐다. 우선 밝은 대기에 발을 풀어 놓아 보자. 갇혀 있지 않은 발은 통풍이 잘 이루어져 습기는 어느새 사라진다. 거기에 맨땅을 걸어 탄력성을 되찾은 발은 질식 직전의 상태에서 벗어나 다시 숨을 쉬기 시작한다. 선홍색의 건강한 발, 살아 숨 쉬는 발, 그 어느 곳에서도 무좀균은 서식할 수 없다.

미국의 피부병 아카데미에서 "무좀은 맨발로 걷는 사람들에게는 발생하지 아니한다. 무좀이 생기는 근본 원인은 발의 축축함과 땀 그리고 환기의 부족이다."라고 보고하고 있다.

맨발걷기는 우리의 발을 무좀과 악취로부터 해방한다. 그때 발은 누구에게나 당당하게 내놓을 수 있는 자랑스러운 신체의 한 부분으로 다시 태어난다.

무좀과 발 냄새로부터 해방된 발, 그것은 건강과 아름다움 그리고 자신감을 표현하는 또 하나의 표징이다.

수험생의 위장 장애를 해소하다

폴란드의 대학입시 경쟁률도 우리나라와 다를 바가 없다. 명문 대학의 경우 10대 1이 넘는 예도 있어 입시 막바지 수험생의 스트레스는 대단하다. 전에 폴란드에서 같이 일하던 한 직원의 딸이 대학입시를 앞두고 계속 복통을 호소하여 저자 나름의 처방을 전해준 적이 있다.

복통의 실상은 시험을 앞둔 시기 극도의 스트레스에 따른 신경성 위장장애였다. 저자는 그녀에게 집 주위에서의 맨발걷기를 주문하였다. 그리고 공부하는데 시간이 부족할까 해서 집에서 만든 나무상자에 자갈을 담아 전해주고 매일 한 시간 정도 그 나무상자에서 맨발로 자갈을 밟도록 하였다. 책을 보면서 걸을 수 있도록 묘안을 짜 본 것이다. 자갈을 담은 나무상자는 숲길에서 맨발걷기 효과보다는 못하겠지만 숲을 찾기 어려운 사람에게는 유용한 대용품이 되어 주었다.

맨발걷기의 지압효과와 천연의 발 마사지 효과를 통해 복통을 개선해 보려는 시도였다. 이를 실행한 그 동료의 딸은 2~3주 후부터 복통이 사라져 무난히 입학시험을 통과할 수 있었다. 맨발의 자갈 걷기, 그 효험이 다시 한번 실증된 것이다.

집안에서 맨발로 자갈 밟기, 그 체험적 효과는 일상에 짓눌린 수많은 현대인에게, 또 시간에 쫓기는 수험생들에게 스트레스 해소를 위한 또 하나의 치유의 길을 제시한다.

골퍼의 비거리 향상 및 퍼팅 적중률의 제고

골퍼의 최상 과제는 어떻게 하면 비거리를 향상하고, 퍼팅 적중률을 높여 한 점이라도 핸디를 낮추느냐이다. 매번 필드에 나갈 때마다 달라지는 비거리와 퍼팅 정확성 등의 들쑥날쑥함에 낙담과 희망이 교차하고 희비가 엇갈린다. 그것이 골프의 묘미라 하기도 하고, 또 그래서 사람들은 끊임없이 골프장으로 또 연습장으로 나선다.

그런데 골퍼들이 종종 듣는 충고의 이야기는 바로 스윙 시 힘을 빼라는 것이다. 퍼팅 시에도 긴장을 놓으라고 조언한다. 스윙과 퍼팅 시에 근육 긴장은 결과적으로 스윙의 정확도를 떨어뜨리고 퍼팅에서 엉뚱한 힘을 줘 목표하는 홀컵을 벗어나게 한다.

자, 그렇다면 어떻게 하면 그러한 긴장감과 스트레스를 근원적으로 줄일 것인가. 바로 숲길 맨발걷기에서 처방을 찾아야 한다. 숲길을 맨발로 걸으면 몸과 마음의 균형이 주어지고, 온몸의 근육이 이완되는 결과를 가져온다. 그것은 바로 맨발걷기의 행복한 잠으로의 초대와 같은 이유이기도 하다. 맨발로 숲길을 한 시간씩 걷거나, 아니면 집 안에 자갈 등을 가져 다 놓고 매일 밟은 후 골프에 나서보라. 그리하면 비거리와 퍼팅률의 정확도 향상에 놀랄 것이다.

맨발걷기는 자연스럽게 근육의 긴장을 풀어준다. 온몸의 기관들이 균형을 회복하는 최적의 건강법이다. 또 맨발걷기는 몸과 마음의 근원적인 안정을 확보하는 최선의 운동이다. 그래서 맨발걷기는 골퍼들의 비거리 향상과 퍼팅 적중률 제고를 돕는 또 하나의 처방이다.

저자의 사례로 본
현대 문명병의 개선 효과

간 기능을 개선하다

   맨발걷기의 괄목할 만한 치유 효과는 간 기능의 개선에 있다. 앞서 예를 들었던 2001년 초 SBS TV의 〈세상에 이런 일이〉라는 프로그램에서 방영되었던 청계산 이주선 씨의 이야기를 다시 인용한다. 그는 말기 간암으로 1개월을 선고받고 병원에서 강제로 퇴원을 당했던 상태였다. 그랬던 그가 맨발로 청계산을 오르면서 굳었던 간을 완벽히 재생시켰다는 내용을 방송은 담고 있었다. 그것은 실화였고, 이유 있는 보고였다.

   그 TV 프로그램을 본 이후 저자는 바로 집 뒤의 숲길을 맨발로 걸었다. 당시 저자의 간 기능도 정상을 벗어나 있었다. 간 기능 수치가 정상치보다 높게 나타나 간장약을 상복하면서 음식물 섭취에도 남다른 신경을 쓰고 있던 터였다.

　그런데 맨발걷기를 꾸준히 한 이후 정상을 벗어나 있던 저자의 간 기능 수치는 최적의 수치를 나타내고 있다. 물론 당시 이미 음식물 섭취에 유의하고 있었고 간장약을 복용하고 있어서 더는 수치가 오르지는 않는 상태였다. 그러나 그 이후 간장약의 복용을 끊고도 간 기능이 완벽하게 정상으로 돌아왔고 줄곧 표준 레인지의 중앙을 지키고 있는 것은 바로 맨발걷기의 그 강력한 힘 때문임을 믿어 의심치 않는다.

구분	적정치	2000	2001		2002		2003	2004
		12월	5월	7월	6월	10월	3월	6월
GOT	37이하	46	32	30	22	26	26	29
GPT	41이하	107	60	47	34	33	25	30
GGT	10-50	71	48	45	96	42	36	28

〈건강검진기록표상 저자의 간 기능 수치의 변화〉

　맨발걷기의 간 기능 개선 효과는 오른쪽 발바닥의 중앙에 있는 간의 반사 점이 맨발로 걸을 때마다 강력하게 자극을 받게 되면서 얻어진다. 맨발로 걸을 때마다 간 부위로 강력한 혈류가 흘러 간의 활동력을 높인다.

　이에 관한 의학적인 연구와 입증은 의학도들의 몫이고 책임이지만, 앞서 인용한 청계산 이주선 씨의 사례나 저자의 사례는 맨발걷기의 경이로운 치유 효과를 신뢰하게 하는 충분한 증거이다.

참고로 지난 2018년도 서울대학교병원 강남센터에서 검사한 저자의 최근 간 기능지수 역시 GOT 24, GPT 28, GGT 21 수준으로 여전히 적절한 상태를 유지하고 있다.

관련하여, 앞으로 맨발걷기와 간 기능 개선 효과에 관한 의학적 연구가 활발하게 진행되어 간 질환으로 고통 받는 환자에게 새로운 삶의 길을 열어 줄 수 있었으면 한다.

콜레스테롤 수치를 개선하다

지방이 피하에 축적되면 비만이 되고, 혈관에 축적이 되면 심혈관 질환의 원인이 된다. 혈관에 축적이 되는 지방의 하나인 콜레스테롤은 세포를 구성하는 중요한 물질이기도 하지만, 그것이 동맥에 쌓이기 시작하면 동맥경화 등의 심혈관 질환으로 이어질 수 있다.

상식적으로 생각해 보아도 생명을 유지하는 파이프라인과 같은 혈관이 깨끗하게 유지되지 않고 콜레스테롤과 같은 침전물로 인해 막힌다면 혈액이 원활하게 흐를 수 없는 것은 당연하다. 또 혈액의 공급이 중단되면 치명적인 질병으로 연결되곤 한다.

세계보건기구가 2012년 발표한 바에 의하면 전 세계적으로 매년 1,760만 명이 심장질환으로 인해 사망한다. 이는 전체 사망자 3명 당 1명꼴이다. 미국의 경우 수십 년째 사망 원인 1위의 질병이다. 미국에서만 심혈관 질환으로 매년 140만여 명이 죽는다고 한다.

10여 년 전 햄버거 등 즉석식을 유난히도 좋아했던 미국의 클린턴 전 대통령은 심장 관상동맥 4곳 중 3곳의 흐름이 원활치 않았다. 그는 결국 심장에 우회 혈관을 만드는 바이패스 수술을 받았다. 패스트푸드를 좋아했던 그는 혈중 지방인 콜레스테롤이 증가하면서 결국 심장의 관상동맥에 지속하여 쌓이게 되었고, 마침내 심장수술을 받을 수 밖에 없었던 것이다. 이는 심혈관 질환의 발생 요인과 진행 과정을 극명하게 보여 준 사례의 하나라 하겠다.

우리나라도 2018년 9월 통계청이 발표한 '2017년 사망 원인 통계'에 따르면, 심장질환으로 사망한 사람이 30,852명, 사망률은 인구 10만 명당 60.2명으로 발표했다. 이 질병의 가장 큰 위험 요인인 콜레스테롤 수치는 해가 거듭할수록 높아지고 있다.

1960년대의 콜레스테롤 기준치가 평균 150-160mg/dl 정도였는데, 1970년대엔 170mg/dl, 1980년대에는 180~190mg/dl 그리고 최근에는 200mg/dl까지 올라갔다. 10년마다 콜레스테롤 지수가 이렇게 가파르게 상승하고 있는 것은 생활환경의 급속한 서구화 때문이다. 우리나라도 특별한 대비가 없으면, 콜레스테롤로 인한 심혈관 질환이 머지않아 사망 원인 1위의 자리를 차지하지 않을까 우려된다.

콜레스테롤은 혈액에 녹지 않으므로 지단백질이라는 특정 단백질에 달라붙어서 운반된다. 그리고 그 단백질의 밀도에 따라 나쁜 콜레스테롤(저밀도 지단백질-LDL)과 좋은 콜레스테롤(고밀도 지단백질-HDL)로 나뉜다.

그중 나쁜 콜레스테롤은 혈관 벽에 침착하여 동맥경화를 일으키는 원인이 되지만, 좋은 콜레스테롤은 나쁜 콜레스테롤이 혈관 세포에 침착하는 것을 방지하거나 혈관 벽에 침착한 콜레스테롤을 제거하는 역할을 한다.

따라서 동맥경화 등의 심혈관 질환을 예방하기 위해서는 기본적으로 혈액 중의 총 콜레스테롤 수치를 낮추고 좋은 콜레스테롤 수치를 증가시켜 나쁜 콜레스테롤 수치를 감소시켜야 한다.

그 방법으로 약물요법 이외에 콜레스테롤이 높은 식사를 피하는 식이요법과 걷기와 같은 규칙적인 운동을 추천하고 있는데, 맨발걷기는 앞에 나열한 방법보다도 콜레스테롤 수치 개선 효과가 월등하다는 것을 저자는 체험을 통해 알게 되었다.

앞에서도 이미 설명하였지만, 맨발걷기는 발바닥을 자극해 혈액의 흐름을 원활하게 한다. 맨발걷기가 가진 펌핑 기능에 의해 혈액의 흐름은 그만큼 강력해지는 것이다. 그리고 혈액이 항상 힘차게 흐른다는 것은 기본적으로 혈관 내 찌꺼기가 침착될 가능성이 그만큼 낮아지는 것이다. 더욱 2010년 새로이 발견된 맨발걷기의 접지(earthing) 효과에 따라 적혈구의 제타 전위(zeta potential)가 올라가고, 그 결과로 혈액의 점성(viscosity)이 낮추어지고, 혈류의 속도(velocity)가 빨라진다는 사실 역시 콜레스테롤의 수치의 정상화와 무관치 않다고 보여진다.

지난 2006년 《맨발로 걷는 즐거움》을 쓰면서 맨발걷기를 시작하기 전과 후 3년간 저자의 혈액검사 검진기록표를 들여다보고 저자는 놀랐다. 그 기간 동안 점진적으로 개선된 콜레스테롤 수치의 변화를 확인할 수 있었기 때문이다.

맨발걷기를 시작하기 직후인 2001년 7월보다 3년 후인 2004년 6월 총콜레스테롤 수치는 194에서 171로 12%가 낮아졌다. 그리고 나쁜 콜레스테롤 수치는 129에서 102로 줄어 3년 사이에 약 21%의 개선 효과를 보였다. 좋은 콜레스테롤 수치는 48에서 55로 늘어나 같은 기간 동안 15%의 개선 효과를 얻을 수 있었다. 3년간 꾸준히 진행된 맨발걷기의 효과가 검진기록표에 그대로 나타나 있었다.

	적정치	2001년	2002년		2003년		2004년	비고
		7월(A)	6월	10월	3월	10월	6월(B)	B/A
총 콜레스테롤	200이하	194	179	183	178	180	171	-12%
나쁜 콜레스테롤	130이하	129	125	116	114	117	102	-21%
좋은 콜레스테롤	45이상	48	34	49	53	49	55	+15%

〈건강검진기록표 상 콜레스테롤 수치의 변화〉 (단위:mg/dl)

좋은 콜레스테롤이 늘었고, 나쁜 콜레스테롤이 줄어들었다는 것은 혈관이 그만큼 깨끗해졌다는 것이다. 이것은 또 혈액이 시원하게 소통되고 있음을 입증하는 것이다. 맨발걷기가 가져다주는 이러한 효과들을 통해 동맥경화, 뇌졸중 등 심혈관 관련 질환이 효과적으로 예방되리라는 것을 믿어 의심치 않는다.

참고로, 지난 2018년도 서울대학교병원 강남센터에서 검사한 저자의 최근 콜레스테롤 지수는 총콜레스테롤 134, 나쁜 콜레스테롤 95, 좋은 콜레스테롤 40 수준으로 여전히 정상 상태를 유지하고는 있었다. 그러나 저자 역시 좋은 콜레스테롤 수치가 더 올라갈 수 있도록 섭생에 더욱 유의할 필요가 있음을 유념하고 있다.

혈당 수치를 개선하다

당뇨병은 대표적인 현대 문명병이다. 세상에서 가장 고약한 병으로도 알려져 있다. 세계보건기구(WHO)에 의하면, 당뇨병은 심장마비나 뇌졸중의 원인이다. 눈의 실핏줄이 막혀 실명할 위험이 커지고, 다리가 썩어들어 가 아래쪽 사지를 절단해야 하는 상황이 되거나, 신장도 서서히 나빠져 신부전증이 되는 등 여러 가지 심각한 합병증의 증세가 나타나는 것으로 경고하고 있다.

2016년 세계보건의 날을 기념하여, WHO는 당뇨병의 예방과 치료를 통한 당뇨병 퇴치 운동을 촉구했다. 당뇨병 성인 환자 수가 1980년 이후 무려 4배가 급증한 4억 2천 2백만 명에 달하기 때문이다. 그러한 급증의 원인은 제2형 당뇨병과 과체중 및 비만에서 비롯된다고 한다. 2012년 기준 그러한 당뇨병이 직접적인 원인이 되어 사망한 사람 수가 1백 5십만 명이라고 경종을 울리면서, 건강한 음식을 먹도록 노력하고, 운동을 많이 할 것과 과체중을 피할 것 등을 권고하고 있다.

결국, 현대의 복잡다단한 생활여건과 운동 부족, 건강하지 못한 식사, 비만 등이 당뇨병의 원인임을 밝히고 있는 셈이다. 더군다나 상당수의 사람은 자신이 당뇨병 환자인지를 모르고 있어, 그 예방과 치료의 적정시점을 놓쳐 버리는 것이 또 다른 문제이다. 특별한 자각증상이 올 때까지 정기적으로 혈당 수치를 조사하지 않아 혈당의 상승에 사전 대비하지 못하는 것이다.

실제 당뇨병 환자이면서도 이를 모르는 사람이 1억 명이 넘을 것이라고 추산하고 있다. 우리나라도 2018년 당뇨병으로 병원 진료를 받은 사람만 302.8만 명이고(건강보험심사평가원), 자신이 당뇨병 환자인지 모르는 '숨은 환자'까지 포함한 환자수는 501.7만 명으로 추정하고 있다(대한당뇨병학회). 그리고 무작위로 당뇨병 여부를 조사해 본 결과 100명 중 10명은 당뇨병 환자인 것으로 밝혀졌는데, 그중 3~4명은 자신이 당뇨병 환자인지도 몰랐다고 한다(중앙대 오연상 교수. 조선일보).

저자도 예외는 아니었다. 집안의 병력 상 당뇨병 환자가 없었기 때문에 당뇨의 가능성을 배제하고 있었다. 그러던 중 2002년의 한 혈액검사에서 공복혈당치가 120이 나오면서 의사로부터 단단히 경고를 받았다. 이제부터는 음식을 조절하고 정기적으로 운동을 해야 한다는 것이다. 밥, 국수 등의 탄수화물 음식을 줄이고 지방이 있는 음식도 삼가야 할뿐더러 설탕이 들어간 음식을 아예 금해야 한다고 했다.

그때 이미 저자는 주말마다 한두 시간씩 숲길을 맨발로 걸으며 정기적인 운동을 하고 있었는데 뜻밖의 결과는 놀라웠다. 이에 그때부터 의사의 처방대로 음식을 조절하면서 당뇨병의 진전을 차단하기 위해 나름대로 치열한 노력을 전개했다.

매일 1시간 이상의 맨발걷기가 우선의 처방이었다. 퇴근 후 시간이 되면 맨발로 집 뒤의 숲으로 향했다. 끈질긴 운동의 연속이었다. 그것은 자신의 존재를 잃지 않으려는 치열한 싸움이었고, 그 싸움은 곧 생활의 일부로 자리 잡았다. 운동과 함께 음식조절을 병행하였다. 흰 쌀밥은 현미잡곡밥으로 바뀌었고, 모든 음식에 설탕 사용을 금하였다. 불가피한 당분은 약간의 과일 섭취로 보충하였다. 또한, 지방이 많은 음식은 의도적으로 멀리하였다.

치열하게 진행된 운동과 식이요법으로 혈당 수치는 천천히 제

정상치	2002년		2003년				2004년				
혈당	10	12	3	6	8	10	1	2	6	8	10
70-105	120	102	110	110	109	101	104	100	102	102	96

〈건강검진기록표상 필자의 공복 혈당 수치의 변화〉

어되었다. 위 표에서 보듯 2003년까지는 110 내외에서 움직이던 공복혈당 수치가 2004년부터는 100 내외의 수준까지 떨어졌다.

관련하여, 저자는 하루 1시간 이상의 맨발걷기를 꾸준히 유지하고 음식과 과일 섭취량 등에 대해 좀 더 철저히 조절하면 공복혈당 수치를 90 수준으로까지 끌어내릴 수 있다는 믿음을 갖고 있다. 그리고 앞으로도 당뇨의 가능성을 맨발걷기를 통해 제어할 수 있으리라 확신하고 있다.

하지만, 그로부터 10여 년이 지난 최근 들어 저자가 섭생 등 식이요법에 잠시 방심한 사이 2018년 저자의 공복혈당이 115 수준으로 다시 올랐고, 당화혈색소가 6으로 올라갔다. 저자가 맨발걷기에만 너무 과신한 나머지 평소 좋아하는 빵과 케이크는 물론 많은 량의 과일 섭취를 자제하지 않았기 때문이다. 이에, 일체의 케이크나 빵의 섭취를 금하고, 과일의 량도 반으로 줄이는 등 다시 한번 맨발걷기와 식이요법에 동시에 중점을 두는 생활 태도로의 변혁을 시도한 결과 2019년 3월 현재 동 당화혈색소가 5.5로 다시 정상화하였다.

비만을 예방하고 해소하다

숲길의 맨발걷기를 시작한 이후 접한 또 다른 효과는 비만의 예방과 해소였다. 그동안 먹는 음식에 주의를 기울인 결과이기도 하겠지만, 신발을 신고 걷는 동안에는 못 느끼던 신체상의 변화를 체감할 수 있었다. 허리둘레가 확연히 줄었는데 그것은 복부비만이 그만큼 해소되었다는 증거다. 비만 중에서도 가장 위험하다는 복부비만의 해소에서 나름의 성과를 얻었음은 물론 체중도 평균 2~3kg 정도가 줄어 전반적인 면에서 몸이 가벼워졌다는 것을 느낄 수 있었다.

통상 걷기운동을 할 때 처음 15분 정도는 저장된 ATP(아데노신3인산)와 산소가 글리코겐을 분해하는 과정에서 얻어진 에너지를 사용하지만, 그 이후부터는 산소가 체지방을 태워 얻어진 에너지를 사용한다. 30분 정도를 걸으면 체내에 축적하고 있던 지방을 소모하며, 체중 감소를 가져온다. 거기에다 걷는 시간이 길면 길수록 체중이 더 많이 감소한다는 연구결과도 보고되어 있다(성기홍 등 공저.《걷기는 과학이다》, P.63). 비만 개선이 궁극적으로는 앞에서 설명한 콜레스테롤이나 혈당의 개선 등 성인병의 사전 예방과도 무관하지 않다.

지난 18년여에 걸쳐 진행되어 온 저자의 맨발걷기는 세계보건기구가 2002년도부터 지속해서 펼치고 있는 걷기운동의 권고와도 그 맥을 같이 한다.

세계보건기구는 지난 2002년 '운동 권고 안'을 발표하여 하루 30분 이상, 걷기로 건강을 유지하자고 하였다. 또 지난 2004년 5월에는 '만병의 공적, 비만을 퇴치하자'라는 슬로건 아래 비만 극복을 위한 전 세계 공통의 다이어트와 운동에 관한 지침까지 제정,

발표하였다. 전 세계에 걸친 비만의 확산이 전염병이나 성인병만큼 인류의 건강에 심각한 영향을 미치고 있다고 판단한 것이다.

세계보건기구는 과체중이나 비만이 당뇨병, 심혈관 질환, 암 등 만성 질병들을 초래하는 중대한 위험 요인으로 보고 있다. 한때 고소득 국가만의 현상으로 보았던 과체중이나 비만이 이제는 저소득이나 중간소득 국가의, 특히 도시환경에서 급증하고 있음을 주목하고 있다.

이를 해결하기 위해 세계보건기구는 2018년 6월 "세계보건기구의 2018-2030 전 세계 운동 증진계획" 아래 "ACTIVE"라는 명칭의 비전염성 질병들을 줄이기 위한 '운동증진 프로그램'의 시행을 각국에 권장하고 있다. 그 4가지 주요 내용은 "①운동하는(active) 사회- 사회의 규범을 운동 중심으로 바꿀 수 있는 소통과 인력의 확보를 추진하고, ②운동하는(active) 환경- 걷기, 사이클링과 다른 신체적 활동을 증진할 수 있는 안전하고 잘 관리되는 사회기반시설과 공공장소를 확충하고, ③운동하는(active) 사람- 모든 나이와 체력의 사람들이 함께 정기적으로 신체 운동을 할 수 있도록 기회와 프로그램 그리고 다양한 체제를 확보하고, ④운동하는(active) 제도- 효율적인 실행을 지원하기 위한 리더십, 지도체제, 다양한 동반관계, 인력, 조사, 변호와 정보시스템을 강화한다."로 구성되어 있다.

어쩌면 저자가 지난 18년 동안 실천해 온 하루 1시간 이상의 맨발걷기 운동은 바로 세계보건기구가 지금 전개하고 있는 비만과 그로 인한 비전염성 질환인 암과 심혈관 질환 등 치명적인 만성 질환들을 예방하기 위한 "ACTIVE" 운동의 좀 더 진화되고 적극적인 실천 사례의 하나라고 할 수 있다. 또한, 저자의 맨발걷기 운동은 그 운동 효과, 더 나아가 관련 치명적인 질병들의 구체적인 치유 효과를 입증하는 대표적인 운동의 한 사례라고도 할 수 있을 것이다.

허리 근육을 강화하다

오랜 맨발걷기에서 오는 또 다른 치유의 변화는 허리 근육의 강화이다. 저자는 과거에 허리가 약해 자칫하면 드러눕거나 침술과 물리치료를 받아야 했는데 지금은 큰 무리 없이 생활하고 있다.

예를 들면 과거에는 의자에 앉아서 일할 때 반드시 허리를 의자 등받이에 바짝 붙이고 앉아서 일해야 했다. 혹시라도 그렇게 하지 못했을 때는 금세 허리에 통증이 오곤 하였다. 좋은 자세와는 관계없이 허리에 가해지는 하중을 의자 등받이의 도움 없이는 감당할 수 없었던 것이다. 그러나 지금은 등받이에 허리를 붙이지 않고도 30분에서 1시간을 수월하게 앉아 일하곤 한다. 이것이 바로 지난 시간의 맨발걷기에서 오는 허리 근육의 강화 효과이다.

다리와 허리의 근육은 오랫동안 계속 걸을 수 있게 하는 느린 근섬유(red muscle)와 계단을 오르거나 뛸 때 필요한 빠른 근섬유

(white muscle)로 구성되어 있다. 또한, 이들 근섬유는 지속적인 걷기나 계단 오르기 등의 운동을 통해 균형 있게 발달시킬 수 있다.

지난 18년 동안의 맨발걷기는 다리근육의 강화에도 그대로 효과를 보였다. 허벅지와 장딴지의 근육이 튼실해져 있다. 허리와 다리뿐이었겠는가? 아마도 맨발걷기를 통해 움직인 모든 근육이 힘을 얻었을 것이다. 신체 전반의 균형 있는 근육 강화에도 맨발걷기는 아주 유용한 운동이라 하겠다.

한편 걷는다는 것은 뼈를 튼튼하게 하는 하나의 방법이기도 하다. 환자나 노약자의 경우처럼 오랫동안 움직이지 않고 누워 있으면 바로 뼈가 약해지는 현상이 나타난다. 오랜 시간 몸을 움직이지 않고 누워만 있으면 음식물에서 섭취한 인산, 칼슘은 고스란히 소변을 통해 빠져나가게 되고, 결국 뼈에 공급되어야 할 영양분이 적어 뼈가 약해지는 것이다. 나이가 들어 노화가 진행되면 탈 칼슘 현상이 일어나 노인성 골다공증이나 폐경기 여성의 골다공증이 생기는 이유가 된다(성기홍 등 공저《걷기는 과학이다》p.82). 결국, 뼈를 튼튼하게 하려면 걷기 등의 운동이 필수라는 이야기이다.

미국의 타임지도 2002년 1월의 건강특집에서 걷기를 완벽한 운동이라고 극찬하면서 각종 심장질환이나 당뇨병 등을 예방해 준다고 했다. 그리고 '뛰지 말고 걸으라'고 주문하면서, 걷기는 근육은 물론 뼈도 강화함으로써 골다공증, 관절염의 예방과 치료에도 도움을 준다고 하였다.

20대에 규칙적으로 운동을 하고 적절히 칼슘을 섭취한 여성은

70대에 골다공증에 걸릴 확률이 30% 이상 낮아진다고 한다. 또한, 걷기는 무릎 주변의 근육을 강화해 관절염 치료에도 크게 도움이 된다는 보도도 있었다. 그래서 하버드 대학병원의 예방의학 과장 죠안 맨슨 박사는 "규칙적인 운동은 현대 의학에서 마법사나 다름없다. 하루에 30분 정도 활기 있게 걷기를 하면 만성질환의 30~40%가 줄어들 것이다."라고 하였다.

그런데 맨발걷기는 위와 같은 신발을 신고서 하는 걷기운동보다 그 운동 효과가 전술한 바와 같이 $+\alpha$의 훨씬 더 강력하고 다양한 치유 효과가 있다.

이에, 맨발걷기를 통해 얻을 수 있는 이 다양한 효능을 각종 치명적인 문명병에 시달리고 있는 현대 사회의 모든 사람이 하루빨리 인지할 수 있게 되길 바란다. 그리고 더 나아가 맨발걷기의 실천을 통해 모두가 건강하고 활기찬 생활을 누릴 수 있게 되기를 바란다.

맨발걷기의 치유 효과는
아픈 사람, 건강한 사람
모두에게 주어지는 선물이다

그럼 위에서 자세히 설명한 맨발걷기의 치유의 효과들이 위 몇 사람들과 저자에게만 한정되어 일어나는 현상일까? 그것은 절대로 아니다. 맨발로 걷는 우리 모두에게 그러한 치유 효과는 물론 상응한 질병의 예방 효과가 매일매일 일어나고 있다.

건강한 사람은 당장 뚜렷한 신체적 변화를 인지하거나 의식하기가 쉽지 않을 수도 있지만, 위와 같은 치유의 효과와 현상은 맨발로 걷는 건강한 사람들 모두에게도 그대로 적용되는 현상이다. 즉, 마비된 신체 일부의 신경계통이 살아나고 피가 통하며 마비가 풀리는 조옥순 씨의 현상은 우리가 의식은 못 하더라도 우리 모두 각자의 신체 기능이 좋아지면서 매일 작동하고 있다. 폴란드의 한 수험생에게 나타난 위장 장애의 치유는 맨발로 걷는 모든 사람의 위장을 매일 치유하며 깨끗하고 건강하게 만들어가고 있다는 뜻렷한 증거이다. 실제「맨발걷기 숲길 힐링스쿨」의 회원들에게도 그러한 위장장애의 치유 현상이 나타나고 있음이 계속 확인되고 있다.

또, 서옥순 씨의 심장의 심방, 심실의 기능 강화는 우리 모두의 심장에도 매일매일 동일하게 심장의 기능을 튼튼하게 만들어주는 효과를 일으키고 있다는 증거이다. 그리고 이용자 씨가 연골파열로 5년 전 무릎 연골 수술 후, 1년에 한두 번씩 연골주사를 지속하여 맞았으나 통증이 사라지지 않았는데,「맨발걷기 숲길 힐링스쿨」에 나와 2개월 맨발걷기로 무릎의 통증이 사라졌다는 증언이나 경수자 회원의 근골격계에 나타나는 즉각적인 근골격계 기능의 활성화는 우리 모두에게도, 비록 의식은 할 수 없더라도, 매일매일 일어나고 있는 근골격계 기능의 활성화가 틀림없다.

아울러, 당장은 암의 증상이 발견되지 않았더라도 암세포가 자리 잡기 시작한 경우나, 아직 암 증세가 나타나지 않은 건강한 사람들도 매일 숲길을 맨발로 걷게 되면 말기 간암과 임파선암, 폐암 환자였던 이주선 씨나 갑상선 암 환자였던 이민주 씨, 조병목 씨의 치유 사례처럼, 또 유방암 환자 최순례 씨의 치유 사례처럼 갓 자라기 시작한 암세포가 아예 박멸되어 버리거나 애초 발생을 못 하게 막아내는 치유와 예방의 효과를 동시에 누리게 된다.

그 이외에도 당장 위장의 활동이 활발해져 변의 질이 마치 바나나처럼 바뀌게 되고, 남성의 경우 새벽에 강력한 남성을 느끼게 될 뿐만 아니라 일체의 감기로부터 면역되는 놀라운 현상이 생긴다. 동시에 맨발로 걷는 즐거움과 그로부터 비롯되는 긍정적인 생각, 감사하는 마음과 행복한 마음 등으로의 충만은 맨발로 걷는 모든 사람에게 주어지는 보약 같은 눈부신 선물이다.

　그래서 우리는 모두 숲길을 맨발로 걸어야 하고, 그렇게 함으로써 살아 있는 동안 내내 건강하고 행복한 생활을 담보할 수 있게 되는 것이다.

NATURAL REFLEXOLOGY

| 제 4 장 |

'맨발걷기 2개월 치유의 가설'과
놀라운 치유 현상

맨발걷기 2개월
치유의 가설과
놀라운 치유 현상

맨발걷기
2개월 치유의 가설

저자가 2016년부터 서울 강남의 대모산에서 운영하는 무료 숲길 맨발걷기 초대 프로그램인 「맨발걷기 숲길 힐링스쿨」에서 가르치고 또 같이 맨발로 걷고 있는 숲길 맨발걷기의 치유와 힐링의 효과는 앞에서 설명한 바와 같이 2가지의 중요한 이론적 근거와 효과가 있다.

즉, 첫째는 지압(reflexology) 이론이다. 숲길을 맨발로 걸으면 땅바닥에 있는 자갈, 나무뿌리, 나뭇가지 등의 질료들이 맨발바닥을 자극함으로써, 발바닥에 있는 지압 점(reflex points)이 지압 되고, 그 결과로 혈액이 해당 장기에 왕성하게 공급되고 혈액순환을 원활하게 한다. 그리고 그 자연스러운 결과로 몸의 면역체계가 강화되어, 웬만한 질병의 발병으로부터 스스로 막아내는 힘이 생기고, 병이 들었을 때 그로부터 스스로 치유하는 힘을 가지게 도와준다.

둘째는 접지(earthing) 이론이다. 절연체인 등산화나 운동화를 신고 몸의 전압을 재면, 3~6볼트가 나온다. 그 이유는 몸속의 활성산소들이 전기적으로는 양전하를 띠고 있어, 몸속을 돌아다니면서 전압을 올리는 것이다. 반면, 우리의 땅 지구는 거대한 배터리로서 음전하를 띈 자유전자로 충만하다. 그래서 우리가 구두를 벗고 맨발로 땅을 밟는 순간 몸의 전압은 0볼트로 떨어진다. 양전하를 띈 몸속의 활성산소가 대지의 음전하를 띈 자유전자와 중화하면서 100% 땅속으로 배출되는 것이다. 마치 낙뢰가 떨어지면 피뢰침을 통해 땅속으로 모두 소멸하는 현상과 같은 이치이다. 즉, 맨발로 맨땅을 밟으면, 성인병의 근원인 활성산소를 다 배출한다. 그 결과 각종 암 등 현대 문명병이 예방되고 치유되는 것이다.

동시에 땅속의 자유전자가 몸속으로 들어와 적혈구의 표면 전하(surface charge)를 올림으로써 혈액의 점성(viscosity)을 낮추고, 혈류의 속도(velocity)를 높여 그 결과 심장마비, 심방세동 등 각종 심혈관 질환과 뇌졸중, 뇌경색 등 모든 치명적인 질병들로부터 자유로워지고, 100세 시대 건강하고 활기찬 생활을 즐길 수 있게 되는 것이다.

실제 그러한 치유와 힐링의 효과가, 앞서 서술한 바와 같이, 지난 3년 「맨발걷기 숲길 힐링스쿨」 회원들이 맨발로 숲길을 걸으면서 얻은 여러 치유 사례로부터 확인되었다.

첫 번째는 갑상선 암의 치유 사례이다. 즉, 유방암으로 고생했다가 유방암은 치유했으나 갑상선 종양이 생겨 병원으로부터 정기

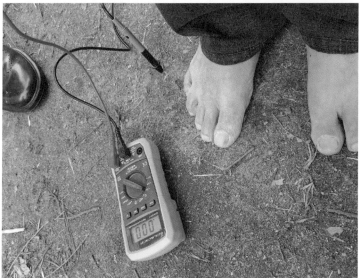

〈상 - 구두를 신은 상태의 몸의 전압 6볼트〉〈하 - 구두를 벗은 맨발 상태 몸의 전압 0볼트〉

적으로 추적검사를 받던 이민주(여, 가명, 66세) 씨의 사례이다. 매일 끝도 없이 졸리고 힘이 없어 삶의 의욕을 잃어가던 중 지난 2018년 3월 24일 「맨발걷기 숲길 힐링스쿨」에 나와 맨발로 걷기 시작한 후 세상이 바뀌었다는 증언이다. 맨발걷기 후 그러한 졸리고 무기력한 증세가 사라졌을 뿐만 아니라, 그로부터 2개월 후인 5월 26일 동 병원에 가서 검사하였더니 놀랍게도 과거 3cm 크기의 갑상선 종양이 1.6cm로 작아졌다는 것이다. 다른 특별한 치료를 받은 바 없고, 오로지 맨발로 2개월을 매일 대모산을 걸은 것 이외에는 달리 그러한 놀라운 변화를 설명할 길이 없다는 증언이다. 그러자 의사는 이제는 한 2년쯤 후에 보자며 축하한다고 해 주었다 한다.

두 번째는 뇌수술로도 치유되지 않던 만성두통의 치유와 10년을 앓던 족저근막염의 치유 사례이다. 만성두통으로 고생을 하여 심지어는 8시간에 걸친 대형 뇌수술까지 받은 김명애 씨(여, 61세)의 사례이다. 뇌수술 후에도 두통이 가시지를 않아 병원으로부터 수많은 약을 처방받아, 처음에는 2알씩 먹던 약을 나중에는 19알까지 늘리며 마약성 진통제까지 복용하여 몸과 마음이 지쳐가고 있었는데, 「맨발걷기 숲길 힐링스쿨」에 나와 매일 맨발로 걸은 이후부터 두통이 깨끗이 사라졌다는 증언이다. 또한, 지난 10여 년을 족저근막염을 앓고 있었는데, 아무리 병원을 찾고 약이란 약을 다 써도 발바닥의 통증이 가시지를 않았는데, 맨발로 걸은 지한 달쯤 되었을 때 통증이 찌릿찌릿한 느낌으로 바뀌고, 2개월이 되면서 그 통증이 완전히 사라져 족저근막염을 깨끗이 치유했다는 증언이다. 결국, 냉장고 가득 쌓아 두었던 두통약 등 약 봉투들을 모두 다 가져다 버린 것은 그다음의 자연스러운 결과이다.

세 번째는 아토피 피부염의 치유 사례이다. 즉, 아토피 피부염으로 평생 고생을 하던 서윤희(여, 55세) 씨의 사례다. 항시 가려워 배 주위를 긁어 진물이 나곤 하였고, 병원을 찾아도 낫지 않던 아토피 피부염이 저자의 「맨발걷기 숲길 힐링스쿨」에 나와 맨발로 걸은 지 5번 만에 깨끗이 나았다는 증언이다. 매주 토요일 나온 것은 아니므로 기간으로 치면 맨발로 걷기 시작한 지 대략 2개월의 치유결과로 보인다. 이에, 숲길에서 여성 회원들이 해당 피부염 상처 부위를 들추어 보고 그 치유의 흔적을 확인까지 한 귀중한 사례이다.

네 번째는 뇌졸중 후 온 반신마비 증세의 치유 사례이다. 뇌졸중 후 5개월을 병원에 입원해 있던 조옥순(여, 67세) 씨가 저자의 권유로 아예 병원으로부터 퇴원한 후 맨발로 매일 하루에 2시간씩 자갈이 박힌 지압 보도를 걸은 지 2개월여 만에 마비되었던 왼뺨, 왼 목, 왼팔이 다 풀리고 절뚝거리며 걷던 왼발까지도 거의 정상으로 돌아온 놀라운 치유 사례이다. 또한, 약 10년 전 경추 3번 수술을 받고 왼쪽 팔 기능에 문제가 생겼던 대구의 한 독자의 사례 역시 같은 치유 사례이다. 그는 그렇게 왼쪽 팔 기능에 문제가 생긴 후 저자가 2006년에 출간한 책 《맨발로 걷는 즐거움》을 읽고 매일 집 앞의 자갈길을 2시간씩 맨발로 걸었다 한다. 오전에 맨발로 2시간을 걷고 나니 너무 졸려 오후에는 잠에 떨어지곤 하여 밤에 잠을 못 이루는 일이 생기자, 아예 오후 늦게 맨발로 걸어 밤에 잠도 잘 잤다고 한다. 그렇게 2개월을 하루도 빼지 않고 매일 자갈길을 맨발로 걸었더니, 놀랍게도 2개월 만에 왼쪽 팔의 기능이 정상으로 돌아왔다는 것이다. 또 다른 맨발걷기의 2개월의 치유의 기적이자 그 증언이다.

다섯째는 당뇨병과 갑상선 암의 치유 사례이다. 즉, 10년 전 당뇨병이 발병하여 혈당치가 350~370을 오르내리던 조병목 씨(남, 71세)가 그로부터 7년 후 갑상선 암이 또 발병하여 동 갑상선 암 수술 날짜까지 잡혔는데, 병원에서는 동 갑상선 2쪽을 다 제거해야 한다고 해서 한쪽만 떼어 달라고 조르다가, 그렇게 할 수 없다는 진단을 받았다. 이에, 수술 대신 볶은 곡식을 먹으며 남한산성, 유명산 등 험한 자갈밭 산길 등을 매일 맨발로 걸으며 바른 생활을 하였더니, 그로부터 2개월 후에 당 수치가 거짓말처럼 정상으로 돌아왔다는 사례이다. 그 이후 당이 정상으로 돌아왔기에, 아예 갑상선 암은 더는 걱정도 안 하고 오늘날까지 건강하게 살고 있다는 놀라운 증언이다. 당뇨병 환자는 맨발로 걸어서는 안 된다는 통설을 뒤집는 또 다른 맨발걷기의 2개월의 치유의 기적이자 그 증언이다.

위 모든 치유 사례에서 보듯이 맨발로 걷기 시작한 지 약 2개월 만에 각각 다른 치유의 현상들이 일어났다는 점이다. 이를 '맨발걷기 2개월 치유의 가설'이라고 명명하려 한다. 웬만한 질병의 경우, 숲길을 꾸준히 하루에 1~2시간씩 약 2개월 정도 걸으면 그러한 놀라운 치유의 현상들이 일어난다는 가설이다.

사실은 2개월이 아니라 단 한 번 맨발로 숲길을 걷고도, 즉, 하루 만에도 수많은 변화와 기적 같은 사실을 증언해 준 사례도 많다. 과거 직장 동료들을 이끌고 합숙 연수를 마친 다음 날 토요일 오전 약 1시간 반 정도 맨발 산행을 하였더니 그 날 밤 부인으로부터 "당신 어떻게 이렇게 달라졌어요?"라고 칭찬을 받았다는 젊은 동료의 이야기는 이제 하나의 전설이다. 그 이후, 저자의 「맨발걷기 숲길 힐링스쿨」에 나와 맨발로 걸은 날 밤 그동안 그렇게 꿰이지를 않던 바늘귀가 쑥 들어갔다는 신혜정(여, 67세) 씨의 사례나 이석증으로 고생하던 전계숙 (여, 62세) 씨가 매일 관악산과 과천 중앙공원을 맨발로 걸으며 치유되었다는 사례도 그러하다. 그리고 컴퓨터를 많이 써 항상 팔뚝이 아팠던 컴퓨터증후군의 하천수 (남, 59세) 씨는 맨발로 걷기만 하면 팔뚝의 통증이 씻은 듯이 사라진다는 사례와 보디빌더처럼 건장한 몸을 가진 유광용(남, 55세) 씨는 유난히 예민하여 밤에 조그만 소리가 들려도 어김없이 잠을 깨곤 하였는데, 맨발로 걸은 이후 편안하게 숙면하게 되었다는 사례 등 헤아릴 수 없는 치유와 힐링의 사례가 보고되었다.

이제는 독자 여러분들 각자가 그러한 치유의 기적을 만들어 낼 차례다. 저자가 하는 서울 강남의 무료 숲길 맨발걷기 프로그램인 「맨발걷기 숲길 힐링스쿨」에 나와 맨발로 같이 걸으면서 이 경이로운 맨발걷기의 치유와 힐링의 효과, 즉, '맨발걷기 2개월 치유의 가설'을 몸소 실천해 보길 권하고 싶다.

단지 숲길을 신발을 벗고 맨발로 걷는 그 무비용의 단순한 행위가 가져오는 놀라운 치유와 힐링의 효과는 물론 요즈음 같은 100세 시대를 건강하고 아름답게 또 인간으로서 가장 존엄하게 보낼 수 있는 최적의 길을 독자 여러분에게 열어 드릴 것이다.

암 치유의
근원적 해법이자 지름길

저자가 2001년 맨발로 걷기 시작한 계기를 만들어주었던 SBS 〈세상에 이런 일이〉 프로의 주인공 이주선 씨는 1995년에는 간경화, 1997년 4월 간암 말기에 혈관까지 전이되어서 수술 불가능 판정을 받았다. 그러나 그는 병원에서 치료할 수 없다는 이유로 퇴원 당한 뒤 집에 누워 있지를 않았다. 그는 "암과 싸워 이길 수 있었던 것은 바로 '살 수 있다'는 자신감과 좋은 체력 덕분이었다."며 "피눈물을 쏟으면서 살려고 발버둥 쳤기 때문에 지금 이 자리에 있을 수 있는 거죠. 암 환자에게 가장 중요한 게 뭔지 아세요? 바로 나 자신을 믿는 거예요. 난 할 수 있다는 자신감 말이에요."라고 결론지었다.

하지만, 저자가 2001년 초 그가 나온 방송 프로를 보면서 꿰뚫어 본 그분의 암 치유의 핵심은 바로 '숲길 맨발걷기'에 있었다. 청계산을 매일 종일 맨발로 걷고 돌아다니면서 그 무섭던 암들이 다 치유된 것이다. 그 치유의 핵심 기제(mechanism)는 바로 지금 저자가 설명하고 있는 숲길 맨발걷기의 지압(reflexology) 효과와 접지(earthing)효과 때문이라고 생각한다. 그것은 그간 저자의 「맨발걷기 숲길 힐링스쿨」의 회원들이 직접 맨발로 걸은 후 거둔 많은 치유의 증언들로도 확인되었다. 그 중 특히 접지 효과는 최근 몇 년 동안 미국의 전기기술자 클린트 오버(Clint Ober)와 심장내과의인 스테판 시나트라 박사(Dr. Stephen Sinatra) 등의 접지(earthing)의 공동 실험결과로도 확인할 수 있다.

그리고 그러한 숲길 맨발걷기의 경이로운 치유 효과는 동시에 그에게 삶에 대한 자신감과 긍정감, 행복감을 선물하였던 것이고, 동시에 그에게 치유의 기적을 꽃피우기 위한 훌륭한 자양분이 되어 주었던 것이다.

그렇게 이주선 씨의 숲길 맨발걷기를 통한 간암 말기의 치유의 기적이 여러 차례 방송을 타고 알려졌지만, 그 어느 의학도도, 병원도, 또 국가기관도 그러한 맨발걷기가 인간의 삶에 갖는, 또 질병의 치유에 갖는 그 결정적 유익함에 대해 주의 깊게 살펴보지를 않고 있다. 그 결과 우리나라는 물론 전 세계의 암 환자 수는 계속 증가하고 있다. 2017년 현재 우리나라의 암 유병자 수도 무려 174만 명에 이르는 것으로 밝혀졌다.

결국, 숲길 맨발걷기가 갖는 그 출중한 암 치유 효과의 의학적 근거를 밝히고, 그를 전 국민에게 널리 홍보할 책임과 소명이 지금 저자와 우리 맨발인들에게 주어진 사명이라 믿는다. 그것은 하늘이 내리신 새로운 소명(new assignment)이기도 하다.

암 등 치명적인 질병 등 현대 문명병으로 고통받는 사람이 너무 많고, 그 숫자는 의학의 발전과 함께 줄어야 마땅한데 갈수록 늘어만 가고 있기 때문이다.

이제 '숲길 맨발걷기를 통한 현대 문명병의 치유'라는 엄중한 소임을 다함으로써, 우리나라는 물론 전 세계의 질병 치유사에 작지만 한 획을 긋는 일이 지금 저자와 우리 맨발인들에게 주어졌다. 그를 담담히 받아들이며 한 걸음씩 앞으로 같이 전진해 나갈 수 있기를 다짐하고 간구한다.

혈액점성(viscosity)을 낮추어
심혈관질환 등을 치유한다

미국의 저명한 심장 전문의인 스테판 시나트라 박사(Dr. Stephen Sinatra)의 논문 "접지가 심장에 미치는 효과"(How earthing benefits the heart)에 관해 아래와 같은 중요한 사실들이 기술되어 있다.

"접지 즉, 맨발걷기의 가장 중요한 효과는 '묽어진 피, 또는 혈액의 점성이 낮아졌다(thinner blood, or reduced blood viscosity)'는 사실이다. 피가 묽어지면 몸의 각 세포에 산소와 영양소를 더 빠른 속도로 전달하고, 동시에 그 세포로부터 나쁜 독소를 빠른 속도로 제거한다. 반대로 진득거리는 피는 엉겨 붙어 심혈관질환을 일으킬 가능성을 높인다.

세포의 차원에서는 적혈구들이 엉겨 붙으면 피는 진득거리게 되고, 세포들은 서로 간에 밀어내도록 하는 음의 표면 전하(negative surface charge)가 부족하면 서로 엉겨 붙게 된다. 제타 전위(zeta potential)는 이러한 적혈구들의 상대적 표면 전하를 기술하는 단위로, 증가한 제타 전위는 묽어진 피와 적혈구의 더 큰 음의 전하를 의미한다. 땅속의 자유 전자들은 음전하를 띠고 있어서, 접지, 즉 맨발로 맨땅을 걷게 되면 적혈구들의 음전하를 증가시키게 되고 따라서 제타 전위를 높이면서 혈액의 점성을 낮추게 된다.

이러한 제타 전위에 대한 최근의 파일럿 연구(Chevalier 2013)에서 나와 다른 연구자들이 10명의 건강한 사람들을 대상으로 접지 기구를 이용한 접지 전과 2시간 접지 후의 혈액들을 채취하여 암시야현미경(dark-field microscope)에 장착한 비디오카메라를 이용하여 분석한 결과 '접지는 혈액의 점성을 낮춤과 동시에 혈류를 개선하였음'(earthing lowers blood viscosity and improves blood flow)을 확인하였다. 즉, 적혈구들은 제타 전위가 증가하고 혈액의 점성이 낮추어졌음을 명백하게 보여주었다. 그러한 2시간 만의 접지에 따른 중요한 변화는 하루 2시간씩 맨발로 숲길을 걷는다면 (또는 접지기구를 사용하면) 심장마비나 뇌출혈의 위험으로부터 예방할 수 있다는 사실을 시사한다."

결국 시나트라 박사의 논문의 핵심 내용은 접지를 통해서 우리 적혈구의 표면 전하가 올라가고 그 결과로 우리 혈액의 점성(viscosity)이 낮아지는바, 이는 진득진득한 혈액이 묽게 바뀐다는 이야기가 된다. 사실 진득진득한 혈액은 혈관을 돌 때 혈액이 원활하게 돌지도 못하게 할 뿐만 아니라, 어디선가 혈액이 피떡처럼 붙어 혈관을 막는 결과가 생기는 원인이 된다 하겠다. 그렇게 해서 심장마비의 원인이 되거나 갑작스러운 뇌경색이나 뇌졸중의 원인이 되는 것이다. 따라서 혈액의 점성을 적절하게 묽게 유지하는 것은 그러한 질병들을 예방하는데 매우 중요한 것이다.

그런데 접지를 하면, 즉, 맨발로 맨땅을 걷게 되면 혈액의 적혈구의 표면 전하(surface charge)를 높여주므로 혈액의 점성이 낮아지게 된다는 중요한 사실이 시나트라 박사 연구팀에 의해 발견된 것이다. 다시 말해 심혈관 질환을 예방할 수 있는 중요한 근거의 하나가 밝혀진 것이다. 따라서 심혈관 질환을 예방하려면 진득진득한 혈액을 묽고 잘 흐르는 깨끗한 혈액으로 바꿔주는 것이 중요한데, 바로 접지(earthing) 즉, 우리의 숲길 맨발걷기가 그 해결책이 된다는 것이다.

한편, 보건복지부의 통계에 의하면, 2017년도 현재 우리나라의 심장질환 환자 수는 146만에 이른다. 암 환자 수는 174만 명에 이르고, 당뇨병 환자는 286만 명에 달한다. 이 세 가지 질병 환자들의 총합계가 606만 명인바, 이는 동년도 기준 우리나라 총인구수 5,178만 명의 무려 11.7%에 해당하는 숫자이다.

이러한 질병들의 원인이 바로 맨발로 걷지 않고 절연체인 합성고무 밑창이 들어간 신발을 신는 데서 연유되고 있다. 즉, 맨발로 걷고 맨발로 살게 되면 그 접지 효과에 따라서 그러한 질병들이 생길 이유가 없는 것이다. 즉, 맨발로 걸으면 혈액이 깨끗해지고 혈액의 점성이 적절하게 연해짐으로써, 또 활성산소도 그때그때 배출됨으로써, 그러한 심혈관 질환이나 암 등 현대 문명병의 심각한 질환들이 생길 이유가 없어지는 것이다.

관련하여, 앞서 언급한 서옥순 씨(여, 66세)의 심방세동의 치유 사실과 조옥순 씨(여, 67세)의 뇌졸중의 후유증에 따른 왼쪽 반신마비가 풀려 해소되고 있는 사실에 대해서 다시 한번 생각해 본다. 당시 저자는 서옥순 씨가 맨발로 걸은 지 약 한 달 만에 심장의 통증이나 답답함이 개선된 이유를, 또 조옥순 씨의 뇌졸중에 따른 반신마비가 2달여 만에 거의 완전히 풀리고 있는 놀라운 치유의 이유를 바로 맨발걷기의 지압(reflexology) 효과에서 찾았다.

맨발바닥으로 맨땅을 밟음으로써 땅 위에 있는 자갈, 나뭇가지, 나무뿌리 등과의 접촉을 통해서, 즉, 지압을 통해서 발바닥의 혈액 펌핑 기능이 강화되고 그로 인해서 모든 혈관에 혈액들이 왕성하게 공급됨으로써 자연스럽게 심장의 기능 자체가 활발해졌고, 따라서 숨이 답답한 증세나 통증 자체가 개선되고 그러한 혈류가 뇌의 막혔던 혈관까지 혈액이 왕성하게 흐르게 된 결과라고 설명했는데, 위 스테판 시나트라 박사의 분석에 의하면 또 다른 원인이 있었다.

즉, 맨발걷기나 접지를 통해서 적혈구의 표면 전하가 올라가 그 결과로 혈액의 점성(viscosity)이 낮춰졌고, 그동안 진득진득했던 혈액이 묽게 변하면서 혈류 자체가 원활해졌다는 것이다. 그래서 가슴이 답답한 증세나 심장의 통증 그리고 뇌경색에 따른 왼쪽 반신 마비가 해소되었다는 것으로도 설명이 된다. 결국, 서옥순 씨의 심방세동 치유나 조옥순 씨의 뇌졸중에 따른 왼쪽 반신마비의 치유는 지압(reflexology) 효과를 통한 펌핑 기능의 강화로 혈액의 순환이 왕성해짐과 동시에 접지(earthing) 효과를 통한 적혈구의 표면 전하가 높아지게 되고, 그에 따라 혈액의 점성이 낮추어지고, 진득진득했던 피가 묽게 변하면서 심장의 답답함이나 통증의 해소 및 왼쪽 반신마비의 해소로 나타나고 있다고 설명할 수 있을 것이다.

결국, 우리가 맨발로 걷게 되면 비록 심장질환이나 뇌졸중 등 질환이 없는 사람들도 똑같은 치유 현상이 생긴다고 할 수 있겠다. 즉, 혈액의 펌핑 기능이 강화되고 동시에 혈액의 점성 자체가 묽어짐으로써, 심혈관질환이나 뇌졸중 등에 걸릴 확률이 최소화되고, 따라서, 심장마비는 물론 뇌경색이나 뇌졸중에 걸릴 확률도 그만큼 줄어든다고 하겠다. 바로 그들 질병에 대한 숲길 맨발걷기의 괄목할만한 예방 효과이자 치유 효과이다.

다시 말해 맨발걷기는 현대를 살아가는 사람들이 심혈관 질환이나 뇌졸중 등으로부터 자유로워질 수 있는 최고의 건강 예방책이자 치유책이라는 결론에 다시 이르게 된다. 바로 위 미국의 심장의학자 스테판 시나트라 박사의 이론이자 저자의 결론이다.

위장병 친구를
맨발걷기 인도에 10년, 치유에 2개월

저자의 고교 동기 최봉석 회계사 이야기를 하고 싶다. 누구보다도 진실하고 또 성격이 사뭇 여린 섬세한 친구이다. 그래서인지, 그는 과거 10여 년을 위장병과 소화불량 등 개인적인 고충을 저자에게 호소하곤 하였다.

이에, 저자가 맨발로 걸어 볼 것을 그에게 10년째 제안하였지만, 그는 "맨땅이 지저분한데, 또, 유리 조각 등도 있을 터인데…"라면서 극구 손사래를 치며 맨발로 걷기를 사양했다.

그러던 차, 2년 전 저자가 「맨발걷기 숲길 힐링스쿨」을 진행하는데 등산화를 신고 대모산을 오르던 그와 우연히 다시 마주쳤다. 저자의 회원들과 같이 어울려 올라가면서 여러 아름다운 여성 회원들이 맨발로 걷는 모습을 보았기 때문이었을까? 여성들도 맨발로 걷는 데, 남자가 되어 맨발로 못 걸으면 이상하다고 생각했을

까? 대모산 시비 언덕에 이르러 잠시 쉬며 그에게 "등산화를 벗고 맨발로 같이 걸어 보자"고 다시 권하였더니, 그가 마침내 등산화를 벗었다. 그는 조심스럽게 여러 회원과 맨발로 숲길을 같이 걸었다.

그 날부터 그는 매주 토요일이면 우리 회원들과 어울려 같이 숲길 맨발걷기에 나섰고 그를 차츰 즐기는 모습을 보였다. 어느 날은 혼자서 맨발로 대모산 정상까지 올랐다며 저자에게 전화를 걸고는 "신발을 착용하고 산을 오를 때의 단순한 걷기운동이 맨발로 걸으니 자신의 내면에 좀 더 깊게 침잠할 수 있게 한다. 어쩌면 수행의 의미로 승화되는 듯하다."라고 하였다. 그리고 "맨발로 대모산 정상까지 왔는데 신발을 신고 왔을 때보다 피로도가 훨씬 덜하다. 무언가의 구속으로부터 해방이 된 듯하고, 몸이 날아갈 듯 상쾌하다."라고도 하였다.

그러던 그가 성남으로 이사를 간 후 다시 연락이 뜸하더니, 그 다음 여름 안면도 수련회에 동참한 이후부터 본격적인 맨발 산행에 다시 나섰다. 그러면서 청명산의 아침을 맨발로 깨우면서 단톡방에 아름다운 시를 써서 올렸다. 맨발 시인의 탄생이었다.

그로부터 2개월 후, 그는 지난 10여 년을 앓던 위장병의 진전 추이를 확인하기 위해 삼성병원에서 위내시경을 받았고, 그 결과를 확인하고는 기쁜 글을 올려주었다.

"내시경 소견상 깨끗하다 하네요. 암, 선종, 궤양 모두 안 보인다 하네요. 기분 좋습니다 ~^^~. 이번 기회에 제가 최근 2개월 동안 열심히 맨발걷기 한 후에 느끼는 소회를 말씀드리지요. 먼저 매일 기분이 상쾌해요. 머리도 맑고요. 전보다 상당히 낙천적으로 바뀐 자신을 느낍니다. 그제는 당진 출장 중에 술을 마실 일이 있어 막걸리를 두 병이나 마셨고 노래방에 가서 두 시간 동안 노래했습니다. 다음날 다소 피로는 했지만 견딜 만했어요. 몸이 안 좋아서 최근엔 술을 거의 안 했거든요. 아무튼, 체력이 좀 좋아진 것 같아요. 그리고 제가 젊었을 때 위를 좀 다쳐서 그동안 음식을 몹시 조심하는데, 요즘 들어 음식에 크게 신경 쓰지 않고 잘 먹고 있어요. 그리고 이번 내시경 결과도 좋은 걸 보면 위도 좋아진 것 같아요."

놀라운 소식이다. 본격적인 맨발걷기를 시작한 지 2개월 만에 또 다른 치유의 기적이 그에게 찾아온 것이다. 지난 10여 년을 괴롭히던 위장병의 고통에서 드디어 자유를 찾게 된 것이다. 요즈음 매일 관악산 맨발걷기로 비슷한 증세에서 벗어난 전계숙 씨와 박준선 씨도 며칠 전 "소화불량으로 고생했는데 위가 튼튼해진 것 같아요. 야호!"라고 외쳤고, 이민주(여, 66세) 씨는 "맨발 위대합니다!"라고 축하해 주었다. 숲길 맨발걷기는 이렇게 연일 경이로운 치유의 기적을 우리 모두에게 새롭게 만들어 주고, 선사해 주고 있다.

위장병을 앓던 친구를 숲길 맨발걷기로 인도하는데 10년, 치유하는데 단 2개월의 기적이 일어난 것이다.

근육 이완을 통해
근골격계의 통증을 치유한다

앞서 「맨발걷기 숲길 힐링스쿨」의 회원인 이용자(여, 62세) 씨가 무릎연골 수술 후에도 5년여를 무릎 통증으로 고통스러워하였을 뿐만 아니라, 매년 1~2회씩 연골주사를 맞아도 해소되지 않던 무릎연골 통증이 맨발걷기 2개월 만에 사라졌다는 놀라운 치유의 증언을 해 준바 있다.

그리고 같은 회원 김명애(여, 61세) 씨는 남편의 한 친구가 고관절 수술 날짜를 잡고 난 후, 그녀의 맨발걷기 권유에 따라 맨발로 걸은 지 한 달여 만에 고관절의 통증이 사라져 수술 자체를 취소했고 지금은 십여 명의 친구들까지 맨발걷기를 같이 하고 있다는 기쁜 소식을 전해준 바 있다.

저자도 몇 년 전 척추관협착증 진단을 받은 적이 있다. 근처 병원에서 척추 MRI 촬영을 하였고 그중 척추의 신경 일부가 눌려 있는 모습이라고 보여주었다. 그리고는 척추에 주사를 맞으라는 처방을 하기에, 가족들과 상의 후 이를 사양하고 서울대병원의 같은 분야 해당 전문의를 찾아갔다. 그 전문의 말씀은 그 정도는 참고 견뎌도 되겠다고 이야기해 주었다. 그 후, 저자는 숲길을 맨발로 걸으며 오늘까지 아무런 이상이나 통증 없이 깨끗한 상태를 유지하고 있다. 결국, 척추관협착증의 경우 심하지 않으면 꼭 주사 요법 등 약물치료나 수술을 받지 않아도 치유될 수 있다는 가능성을 저자의 경우에는 보여주고 있다. 숲길 맨발걷기의 또 다른 효험이라고 저자는 생각하고 있다.

관련하여, 저자는 문명사회가 되면서 사람이 높고 낮은 절연체의 딱딱한 고무 밑창(sole)을 댄 구두를 신게 되었고, 그 결과로 원래 인간이 창조된 대로의 발의 뒤꿈치, 발바닥과 발가락의 기능이 차례로 또 원래대로 작동하지 못하고 있고, 구두의 꽉 짜인 좁은 공간에 발 전체가 조여진 상태에서 정상으로 작동하지 못 하게 되었다고 지적한 바 있다. 그 결과 인간의 몸과 체형이 정상적인 직립의 각도에서 조금씩 이탈했고, 딱딱한 고무 밑창을 씀으로써 발바닥의 아치가 제대로 형성되지 못하고 평발처럼 변질된 현상이 생겨서 몸의 근골격계 전체가 균형을 상실하고 족저근막과 무릎, 고관절, 척추 등에 이상과 통증이 초래되었다고 설명했다.

한편, 부산의 정형외과의 황윤권 원장은 2016년 2월 한겨레와의 인터뷰에서 "디스크(추간판탈출증·추간판 장애)란 병은 없습니다.

척추관협착증도 마찬가지입니다. 의사들의 상상력과 상업성이 만나서 만들어진 '환상 속의 괴물'에 불과합니다."라고 선언하였다. 그리고 "환자의 고통과 증상은 모두 사실이지만, 병원에서 진단하듯 그 원인이 디스크가 튀어나와 척추신경을 누르기 때문(추간판탈출증)이거나 척추관이 좁아져 척추관 속 신경을 누르기 때문(척추관협착증)이 아니다"라고 말했다. 그가 수술 과정을 지켜본 결과, 척추신경은 실제로는 눌려 있지 않았고 통통한 원래 모양 그대로 잘 있다고 증언하였다.

그러면서, 그는 "병원에서 디스크나 척추관협착증이라 진단하는 통증은 해당 부위 근육이 굳어져 생긴다고 본다. 근육은 본디 길이가 늘어나고 줄어드는 운동을 하게 되어 있는데 일정 기간 그런 변화(운동)가 없는 긴장된 순간이 반복되면 굳어진다. 말랑말랑해야 할 근육이 굳어져서 근육 속 말초신경이 통증을 느낀다는 것이다."라고 설명하였다.

만약 황윤권 원장의 지적이 사실이라면, 이용자 씨의 무릎연골 통증, 김명애 씨 남편 친구의 고관절 통증, 그리고 저자의 과거 척추관협착증 통증 등이 맨발걷기로 자연스럽게 치유된 이유가 바로 황윤권 원장의 설명 내용처럼 "일정 기간 그런 변화(운동)가 없는 긴장된 순간이 반복되면 굳어져" 있거나, 저자의 설명대로 "그동안 딱딱한 고무 밑창을 끼워 넣은 구두를 신고 살아온 이유로 일정한 충격을 받거나 굳어져 있던" 족저근막, 무릎, 고관절, 척추 등 근골격계 주변의 근육이 숲길 맨발걷기로 부드러워졌기 때문이라는 결론에 이른다. 즉, 숲길 맨발걷기 치유의 메커니즘이 바로 "족저근막, 무릎, 고관절, 척추 등 주변의 굳어져 있던 근육이 숲길 맨발걷기로 말랑말랑해졌기 때문에 이제까지 굳은 근육으로 신경이 눌려서 초래되었던 관련 통증들이 치유되었다"라는 것이다.

결국, 황윤권 원장은 저자가 설명한 구두 등 신발을 신는 생활 습관 때문에 초래된 족저근막이나 무릎, 고관절, 척추 관절 주변의 근육의 경직화 현상까지 직접 예를 들어 설명하지는 않았지만, 구두나 등산화를 벗고 숲길 맨발걷기를 하기 시작하면 무릎, 고관절, 척추 등 근골격계 주변의 근육이 말랑말랑해지고 결과적으로 관련 통증이 치유되는 비밀의 문이 하나 더 열렸다고 하겠다.

얼마 전 경수자(여, 51세) 회원이 파쇄석 자갈길을 맨발로 걸은 후, 바로 다음 날 굳어 있던 허리가 평소 15도 정도에서 90도 이상으로 굽혀지고, 쥐어지지 않던 손가락이 쥐어지는 등 놀라운 변화를 우리가 모두 눈앞에서 확인한 바 있다. 그러한 놀라운 손가락 관절과 척추의 유연화의 비밀 역시 위와 같은 관절이나 뼈 주변의 근육 이완(muscle relaxation) 현상으로 비로소 설명이 가능해진다 할 것이다.

의학적 처치와
상호보완하며 협치를 이룬다

저자는 지난 수년 전 발병했던 '안구 정맥폐쇄증'이라는 진단을
받고 즉각 서울대병원에서 안구주사를 맞은 후 2년 동안 처방된
약을 먹었다. 그리고 지난 1년은 약을 완전히 끊은 상태에서 경과
를 보던 중, 최근 병원을 찾아 검사를 다시 한 결과 완전히 치유되
었다는 의사의 진단을 받았다. 그 순간 지난 1년여 매일 숲길을 맨
발로 걸으면서, 수시로 후술하는 '까치발 걷기'나 '스탬프를 찍듯
이 걷기'를 했음을 상기했다. 눈에 해당하는 발가락 부위의 지압
을 극대화한 걸음들이다. 그 결과로 완치 판정이 나왔다 믿는다.
초기의 주사 요법과 그 이후의 투약 등 병원의 정확한 의학적 처
치와 숲길 맨발걷기의 협치의 한 사례이다.

또한, 저자의 집 근처 조옥순(여, 67세) 씨도 뇌출혈이 왔을 때 바
로 병원의 응급처치와 치료가 없었더라면 의식을 회복할 수 없었

을 것이다. 그런 면에서 응급한 상황에서 적절한 병원의 소위 골든타임에 이루어지는 의학적인 처치는 필수이다. 그런데 그 후 어느 정도 회복이 되었지만, 왼쪽 반신마비가 완전히 풀리지 않았다. 심지어는 요양병원으로 옮겨 입원하여 5개월여를 물리치료를 매일 받았지만, 마비가 풀리는 데는 시간이 많이 걸렸다. 실제 왼쪽 뺨, 목, 팔, 다리 등의 마비는 끝까지 풀리지를 않았다.

하지만, 그 이후 요양병원에서 퇴원하여, 저자의 권유에 따라 맨발로 지압 보도를 매일 밟은 이후, 3주 차, 8주 차 그리고 9주 차, 100일 차에 걸쳐 급속하게 마비가 풀려가는 과정을 전술한 바와 같이 유튜브 동영상으로 올려 생생하게 지켜보았다. 그리고 당사자는 몇 년이 걸려도 마비가 풀리기 어려웠던 상황이, 불과 3개월여 만에 거의 다 풀렸다며 마비되었던 왼쪽 발로 땅을 쾅쾅 차고, 또 마비가 와서 들지도 못했던 왼쪽 팔을 휘휘 돌리며 환호하는 모습을 생생히 보여주었다. 이러한 조옥순 씨의 치유 사례 역시 의학적인 처치와 맨발걷기의 협치가 이루어 낸 또 하나의 구체적인 치유 사례다.

물론 김명애(여, 61세) 씨의 만성두통과 족저근막염의 경우나 서옥순(여, 66세) 씨의 심방세동의 경우, 또 이용자(여, 62세) 씨의 무릎 연골의 통증 등 치유 사례는 병원의 처방과 약을 먹어도 해당 통증 등이 치유되지를 않고 계속 통증이 지속되었으나 맨발로 숲길을 걸은 지 2개월 만에 지난 수년을 고통스러워했던 해당 병증이 사라졌다는 놀라운 증언을 해 준 경우들이다. 또 조병목(남, 71세)

씨의 경우, 중증 당뇨(공복혈당치 350~370)에 갑상선 암으로 당장 2쪽의 갑상선 모두를 절단해야 한다는 대형 병원 두 곳의 공통된 진단결과와 긴급한 수술 날짜의 지정에도 불구하고, 유명산의 자갈밭이나 남한산성 등지를 매일 맨발로 걸으며 식이요법과 신앙생활을 병행하여 완치하였다는 증언을 해 준 바 있다. 그 역시 맨발걷기의 경이로운 치유력을 입증해 보여준 경우다.

하지만, 개별 증세마다 각기 다른 응급상황의 병증과 원인 등이 있을 수 있어 어떠한 경우든 먼저 병원의 진단과 전문의의 처치를 받아야 한다. 그리고 숲길 맨발걷기는 근본적인 질병의 예방책이나 보완적 치유책으로 삼고 건강한 삶의 한 방편으로 실천해 나가는 수단으로 삼기를 거듭 권해 드린다.

숲길 맨발걷기는 우리 모두 항상 강조하는 바와 같이, 그 자체가 긍정이고 감사이고 행복이며 우리 일상의 삶을 즐겁고 건강하게 만들어가는 근원적인 삶의 한 모습이기에 더 그러하다.

숲길 맨발걷기는 그 자체가 긍정이고 감사이고 행복이며
우리 일상의 삶을 즐겁고 건강하게 만들어가는 근원적인 삶의 한 모습이다.

NATURAL REFLEXOLOGY

| 제 5 장 |

숲길 맨발걷기의
치유와 지혜, 감성의 미학

01 맨발걷기는 치유의 길 | 02 맨발걷기는 지혜의 길 | 03 맨발걷기는 수행의 길 | 04 맨발걷기의 감성과 관능의 미학

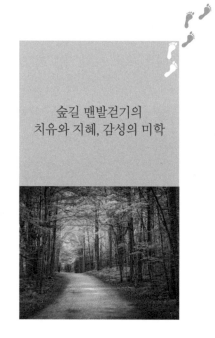

숲길 맨발걷기의
치유와 지혜, 감성의 미학

맨발걷기는 치유의 길

격물치지와 불광불급의 이치를 깨우치고 실천하는 길이다

과거 은행을 경영할 때 저자는 같이 일하는 동료 임직원들에게 항시 다음 2가지 사항을 주문하였다. 첫째는, 격물치지(格物致知), 즉, 사물의 이치를 깨닫는 통찰력(insight)를 가질 것을 주문하였다. 은행의 현안과 관련하여 무엇이 문제인지, 또 무엇을 해결해야 관련 문제를 해결할 수 있는지, 항상 그 핵심을 꿰뚫는 이치를 찾아낼 것을 주문한 것이다.

모든 문제를 빠른 시간 내에 일거에 해결할 수 있는 관건이 바로 격물치지의 이치이기 때문이다. 격물치지란 사서삼경 중 대학에서 나오는 한 구절이다. 즉, "격물치지(格物致知) 수신제가(修身齊家) 치국평천하(治國平天下)" 그렇게 이어지는 명구의 한 구절로서

"사물의 이치를 꿰뚫는 통찰력을 얻은 다음, 자신의 몸과 가정을 다스린 후, 천하를 얻어 다스리라."는 그런 가르침의 근간이 바로 격물치지인 것이다.

다음은 불광불급(不狂不及)이다. 어떤 목표나 경지에 이르고자 (及) 하면 반드시 그 일에 미쳐야(狂) 이루어진다는 것이다. 즉, 그 일에 미쳐야(狂) 이루고자 하는 경지에 이를 수 있다(及)는 가르침 이다.

저자는 그 가르침을 1970년대 중반 당시 숭실대학교의 철학 교수 고 안병욱 박사로부터 배웠고 평생을 살아오면서 저자의 사고와 행동의 한 기준이 되었다. 그래서 모든 일에 온 힘을 다해 왔고, 지금 저자가 운영하는 「맨발걷기 숲길 힐링스쿨」에서도 그러한 이치를 실천해 나가려고 노력하는 이유이기도 하다.

우리가 숲길을 맨발로 걸으면 순백의 깨끗한 정신과 마음을 닦게 되고 자신의 실존에 천착하는 명징·명철한 사고를 갖는다. 그래서 숲길 맨발걷기는 사물의 이치를 꿰뚫고 깨닫는 격물치지(格物致知)의 지혜와 통찰을 얻는 길이다. 그리고 그러한 이치에 따라 옳은 일이라면, 또 자기 자신은 물론 주변의 다른 사람들과 사회에 도움이 되는 일이라면 온 힘을 다해 자신의 몸과 마음을 던져 일하게 된다. 그것이 바로 불광불급(不狂不及)의 가르침을 실천하는 길이다.

최근 「맨발걷기 숲길 힐링스쿨」의 회원 중 많은 분께서 숲길 맨발걷기가 갖는 치유와 힐링의 비법을 터득하고 확인함으로써 격물치지의 이치를 꿰뚫고 있다. 그리고 거의 매일 "미친 듯이" 숲길 맨발걷기에 진력하면서 불광불급(不狂不及)의 가르침을 실천하고 있다. 그리고 그 결과가 최근 여러 회원의 기적적인 치유의 증언으로 나타나고 있다.

맨 처음 치유의 경이로움을 밝힌 김명애(여, 61세) 씨가 그러하였다. 그 전 매일 등산화를 신고 대모산을 올랐으나, 만성 두통이 가시질 않았고, 족저근막염의 통증 역시 계속되었으나, 맨발로 걸으면서부터 자신의 몸 상태가 눈에 띄게 달라지고 있다는 것을 깨우쳤다(格物致知). 그래서 매일 대모산을 미친 듯이 맨발로 걸어(不狂不及) 마침내 만성두통은 물론 발바닥의 족저근막염까지 깨끗이 날려 보냈다.

그 이후 이민주(여, 66세) 씨도 그러하였다. 동인의 표현에 의하면 본격적으로 "죽기 살기로" 맨발걷기를 매일 한 지 2개월 만에 갑상선 암이 3cm에서 1.6cm로 줄어들었다고 증언했다. 그후에도 그녀가 매일 맨발로 걷고 있다면 아마도 지금은 암 종양 자체가 완전히 사라졌으리라는 즐거운 추정을 해 본다.

이후 서옥순(여, 66세) 씨의 심방세동의 치유 과정, 이용자(여, 62세) 씨의 무릎통증의 치유의 과정 및 최순례(여, 61세) 씨의 유방암의 치유 과정들이 모두 다 그러하다. 맨발걷기의 치유력에 대한 확신 그리고 양재천이나 대모산 또는 양평의 양자산 둘레길을 찾아 매일 "미친 듯이" 맨발로 걷는 그 열정들이 그분들 각자에게 놀라운 치유의 결과로 나타난 것이다.

조옥순(여, 67세) 씨도 마찬가지이다. 2개월을 하루 2시간씩 맨발로 걸으면 반신마비가 풀릴 것이라는 저자의 권유로 맨발로 걷기 시작한 후, 그 치유의 가능성을 확인하고 깨우친 조옥순 씨가 병원에서 퇴원까지 한 후, 매일 하루도 빠짐없이 자갈 지압 보도를 걸은 결과 3주 만에 마비되었던 왼쪽 발로 땅을 쾅쾅 차는 상황은 물론, 그 이후 매 주마다 왼쪽 뺨의 마비가 풀리고, 목의 마비가 풀리고, 왼손의 마비가 차례로 풀려나가는 놀라운 치유의 과정을 보여주었다.

또한, 정연순(여, 72세) 씨도 마찬가지다. 고희를 넘긴 나이에도 하루도 빠짐없이 대모산, 구룡산을 맨발로 오른다. 그녀 역시 맨발걷기가 치유와 힐링의 기적을 가져온다는 이치를 꿰뚫고 있었다. 그래서 그를 실천함에 잠시도 게으르지 않고 있다. 그리고 스스로 증언하였듯이, 지난해까지 거의 매일 한의원에서 조제약을 먹고 대침을 맞는 등 허리통증의 치료를 계속하였지만 통증이 가시지 않았던 환자였다. 2018년 봄부터「맨발걷기 숲길 힐링스쿨」에 합류한 이후, 맨발로 매일 대모산, 구룡산을 걸으면서 척추관협착증은 물론 척추전방전위증의 통증과 눈물샘의 장애 현상까지 깨끗이 극복했다는 놀라운 증언을 해 준 바 있다. 그녀 역시 격물치지(格物致知)와 불광불급(不狂不及)의 이치를 깨우치고 미치도록 실천한 뚜렷한 치유 사례 중 하나이다.

그리고 10년 이상 혈압약을 복용한 분당의 한 회원도 "분당 불곡산을 한 달에 20일 이상 맨발로 1년 이상 등산한 결과, 이제는 혈압이 정상으로 돌아왔고, 이명이 없어졌으며, 무릎관절이 많이 좋아졌습니다. 우리 회원님들 맨발걷기로 건강해집시다."라고 써서 올려주었다. 그 또한 격물치지(格物致知)와 불광불급(不狂不及)의 이치를 실천한 결과이다.

위 모든 사람의 맨발걷기를 통한 치유 사례를 보며 숲길 맨발걷기는 바로 격물치지(格物致知)와 불광불급(不狂不及)의 이치를 깨우치고 실천하는 길임을 다시 한번 확인한다.

인법지(人法地)의 예방과 치유의 이치를 따르는 길이다

유명 인사들이 암으로 세상을 하직하였다는 소식을 하루가 멀다고 듣는다. 얼마 전 가수 전태관 씨가 56세의 나이에 신장암으로 세상을 떠났고, 또 디자이너 하용수 씨가 69세의 나이에 간암으로 별세했다. 또 방송인 허지웅 씨가 혈액암으로 투병하고 있다는 소식이 있었고, 저자의 고교 동기이자 전직 대사인 친구는 방광암이 악화하여 모임에 나올 수 없다는 소식이다. 이어, 우리나라의 존경받는 석학이신 87세 이어령 박사께서 암을 선고받고 투병하고 계시다는 소식도 들려왔다.

2019년 1월 7일 중앙일보와의 대담 회견에서 기자는 이어령 교수의 생사관을 물었고 그는 생과 사를 초월한듯한 담담한 말씀을 주셨다. "의사가 내게 '암입니다.'라고 했을 때 '철렁'하는 느낌은 있었다. 그래도 경천동지할 소식은 아니었다. 나는 절망하지 않았다. … 태어나면서부터 '사형 선고'를 받았다고 생각하는 사람에게 '너 죽어' 이런다고 두려울 게 뭐가 있겠나." 그러면서 "죽음을 생각할 때 삶이 농밀해진다."라고 하셨다. 그 말씀들의 이면에 얼마나 깊은 인간으로서의 고뇌가 있으실까 하는 생각에 마음이 아리다.

관련하여 이어령 박사는 비전이 무엇이냐는 질문에 이런 답을 하셨다. "우선 내 삶을 그리는 바탕을 말하고 싶다. 먼저 '인법지(人法地)'다. 인간은 땅을 따라야 한다. 땅이 없으면 인간은 존재할 수 없다."라고 하였다. 그리고는 '지법천(地法天)', '천법도(天法道)', 그리고 마지막에는 '도법자연(道法自然)'을 이야기하였다. 그리고 그 마지막 자연(自然)을 "그냥 있는 거다. 스스로 있는 것은 외부의 변수에 영향을 받지 않는다. 그게 '자연'이다. 그게 '신(神)'이다."라고 하였다.

조금은 난해한 이야기이지만, 결국 "사람은 땅(地)을 따라야 하고, 땅은 하늘(天)을, 하늘은 도(道)를, 도는 자연(自然), 즉 조물주인 신(神)의 뜻을 따라야 한다"고 정리할 수 있을 듯하다.

달리 표현하면, 인간은 조물주인 신이 정하여 주신 바대로 "땅을 따라야 한다."는 말씀이고, 그 뜻을 저자는 단순히 "신의 뜻을 따르라"라는 의미보다 "인간은 마땅히 땅을 밟으며 살아야 한다. 그것이 바로 조물주인 신의 뜻을 따르는 일이다."라고 해석하고 싶다.

저자가 앞서 "숲길 맨발걷기의 치유의 기적은 조물주의 설계도대로의 활동 기제(operation mechanism)를 따른 삶의 방식에서 비롯된다."라는 글을 썼다.

즉, 오늘날 현대 문명병인 각종 암이나 심혈관 질환 등의 해결책은 원래 조물주가 설계한바 애초 인간을 창조한 활동 기제(operation mechanism)를 따라 맨발로 숲길을 걸어야 한다. 그래야 정상적인 혈액의 펌핑 기능이 이루어지고, 활성산소가 적절하게 매일매일 맨발로 걷는 숲길의 땅속으로 배출되고, 혈액의 점성이 높아지는 것을 사전에 예방하거나 치유할 수 있다.

현재 암으로 투병 중인 방송인 허지웅 씨나 전직 대사였던 저자의 친구나 이어령 박사께서도 지금 바로 '인법지(人法地)', 즉 "맨발로 땅(地)을 밟음"으로써, 조물주의 설계도대로 사는 삶의 방식을 실천해보시길 적극 또 진정으로 권해 드리고 싶다. 그러면, 숲길 맨발걷기로 간암 말기 1개월의 시한을 선고받고도 건강을 되찾은 청계산 이주선 씨의 치유의 기적은 물론, 저자의 「맨발걷기 숲길 힐링스쿨」 회원들의 갑상선 암의 치유, 유방암의 치유 및 중증 당뇨나 심방세동의 치유는 물론 뇌졸중에 따른 반신마비의 치유 등과 같은 기적 같은 치유 현상을 다시 재현하게 되실 것으로 믿어 의심치 않는다.

그것이 바로 이어령 박사께서 말씀하신 진정한 '인법지(人法地)'의 이치를 따른 삶의 방식이자 길이라고 말씀드리고 싶다.

우리 스스로 치유하는 놀라운 결과를 만든다

갑자기 쏟아진 소나기가 반가워 바로 맨발로 숲길에 뛰어갔다. 모처럼 빗물을 머금은 풀밭은 맨발 아래서 싱그러웠고, 마사토길은 포실 포실한 촉감이 한없이 부드러웠다. 더위에 메말랐던 나뭇잎은 물기를 머금은 채 생동하고 있었다. 비가 내리거나 비가 온 직후, 숲길을 걷는 그 형언할 수 없는 기쁨과 환희는 무어라 표현해야 맞을지 모를 정도로 크다.

그런데, 숲길 맨발걷기는 그러한 단순한 맨발의 촉감의 기쁨을 넘어 우리 스스로 치유하는 경이로운 기적을 만들어낸다. 그러한 사실을 우리는 스스로 굳건히 믿고 있고, 맨발로 걷는 분들 스스로도 끊임없이 입증해 주고 있다는데 한없는 기쁨과 보람을 느낀다.

「맨발걷기 숲길 힐링스쿨」의 멋진 '맨발 산행가' 노래 가사인 "맨발 산행 해보세요~ 맨발 산행 해보세요~ 놀라운 일이 생깁니다~~ 맨발 산행 해보세요~"에서처럼 실제 맨발걷기로 우리 모두에게 놀라운 일들이 계속 생기고 있다.

최근 증언된 갑상선 암의 치유 사례, 만성두통과 족저근막염의 치유 사례, 아토피 피부염의 치유 사례, 이석증의 치유 사례, 컴퓨터 증후군의 치유 사례, 당뇨병과 갑상선 암의 치유 사례에 이어, 얼마 전에는 소위 울화병의 치유 사례까지 나왔다.

아무런 비용이 들지 않고, 의사나 마사지사의 도움 없이, 오로지 우리 스스로가 신발을 벗고 숲길에 맨발로 나서기만 하면 되는 그 무비용의 단순한 행위가 가져오는 이 놀라운 치유의 기적을 어떻게 설명할 것인가.

우리는 우리 스스로 신발을 벗고 숲길을 맨발로 걸음으로써 우리 몸의 병을 스스로 치유하는 놀라운 일을 만들어 내고 있는 것이다. 그것은 땅이, 어머니인 대지가, 또 이 지구가 그 위를 맨발로 걷는 사람들에게 내리는 순일한 축복이자 기적이다.

에너지의 방전이 아니라 충전

「맨발걷기 숲길 힐링스쿨」에 참여한 회원들과 대모산을 같이 걸으면서 저자는 2가지 중요한 사실을 재확인한다.

우선 새로 합류한 한 회원의 지난 30년의 투병 스토리를 들으며 마음이 너무 아팠다. 일시적인 위장 장애나 스트레스 등으로 소화를 못했던 사람에게 그 원인 규명도 제대로 하지 않은채 신경계 약을 지속적으로 처방하여, 신경계통 전체의 마비와 심각한 후유증을 유발시켰다는 사실에 너무 가슴이 아팠다. 다행히 그는 스스로 맨발걷기 요법을 최후의 건강회복 수단으로 생각하고 직전 3개월 동안 집 근처의 야산을 맨발로 걷다가 저자의 「맨발걷기 숲길 힐링스쿨」을 듣고 대모산까지 찾아왔다.

그에게 맨발걷기의 올바른 이론적 근거와 구조를 설명했다. 그리고 최적의 맨발걷기 길인 대모산 숲길을 찾아 온 것을 격려하였다. 그리고 회원들 모두가 진심 어린 응원과 큰 박수로 그를 응원하였다. 그는 이제 매일 대모산을 찾아 맨발로 걷겠다고 약속하였으니, 그간 불필요했던 과잉 투약으로 흐트러지고 마비되었던 신경계가 머지않아 맨발걷기로 바로 잡히고 원래의 모습으로 자리를 잡게 될 것으로 믿는다.

일반 병원은 위 사례의 경우처럼 잘못된 판단으로 약의 오남용이 있을 수 있지만, 숲길은 자연치유의 종합병원이다. 오진이 있을 수 없다. 그리고 지나침이 있을 수 없다. 오로지 자연의 순리에 따르는 최고의 병원이다. 따라서 그의 진정한 숲길 맨발걷기에의 입문, 즉, 최고의 자연치유 종합병원에의 입원을 환영하고, 이른 시일 안에 원래의 정상적인 몸으로 원상 회복하길 적극 응원한다.

그 다음은 김태숙(여, 61세) 씨의 증언이다. 그녀는 "등산화를 신고 등산을 마치고 집에 돌아오면 피곤한 탓에 한참을 쉬었다가 집안일을 하곤 했는데, 신발을 벗고 맨발 산행을 하고부터는 귀가 후에 쉴 필요가 없어졌다. 김치를 담그는 등 집안일을 바로 척척 해 내고 있다."고 이야기한다. 그것은 바로 등산화를 신고 등산을 하거나 운동화를 신고 걸으면 그만큼 내 몸의 에너지가 소모되고 방전되는 결과를 가져오지만, 등산화를 벗고 맨발로 숲길을 걸으면 땅과 맨발의 접지로 내 몸속에 없던 새로운 에너지가 지기(地氣)의 형태로 충전됨을 증거하는 것이다.

이 지구는 어마어마한 규모의 음전하를 띈 배터리이다. 우리가 신발을 벗고 맨발로 접지하면, 몸속의 양전하를 띈 활성산소들이 땅속의 음전하를 띈 자유전자와 만나 중화되면서 활성산소가 모두 맨발을 통해 몸 밖으로 빠져나간다. 대신 그 거대한 배터리로부터 지구의 에너지를 몸에 새로이 충전 받는다.

결국 김태숙 씨의 증언처럼 "등산화 등 신발을 신고 걸으면 에너지가 방전되고 피로해지지만, 신발을 벗고 맨발로 걸으면 새로운 에너지가 충전되어 훨씬 더 큰 생명력으로 충만해진다."는 결론에 이르게 된다.

빗속 맨발걷기의 향연과 대학병원의 한 장면, 그 극명한 대비

아침부터 오후까지 간헐적으로 소낙비가 내려 맨발로 걷는 우리에게는 참으로 행복한 하루다. 김명애(여, 61세) 씨가 이러한 느낌을 잘 표현해 주었다.

"안녕하세요~~ 날마다 오르는 맨발걷기를 하는 길에 비가 쏟아져서 진흙이 발가락 사이로 비집고 올라오는 촉감을 누립니다. 폭우를 만나 생쥐 꼴이 되었음에도 우리는 너무나 행복합니다."

비 오는 숲길 맨발걷기의 그 형언할 수 없는 기쁨의 한 모습을 그녀가 역설적으로 잘 묘사해 주었다.

정연순(여, 72세) 씨도 남편과 함께 장대비가 쏟아지는 대모산을 맨발로 걷는다고 동영상을 올렸다. 혹시 안전 때문에 걱정이 되어 조심하도록 촉구는 하였지만, 비 오는 숲길을 맨발로 걷는 자연의 다채로운 향연을 한껏 즐겼을 것이다. 박순기(남, 75세) 씨의 호쾌한 웃음소리가 전보다 더 크게 느껴진 것도 비로 샤워를 한 즐거움 때문이다.

저자 역시 아침부터 비 오는 숲길을 걷는 촉감을 즐기며, 그 풋풋한 숲의 향기와 안개처럼 자욱한 연무가 숲길을 싸고도는 고즈넉함 등, 비 오는 숲길 맨발걷기의 다채로운 촉감의 향연과 행복을 만끽하였다.

그런데 그날 오후, 저자는 병원에 입원한 친지를 병문안하기 위해 한 대학병원을 찾았다. 수많은 환자와 가족이 뒤엉켜 묘한 분위기를 연출하고 있었다. 졸지에 닥쳐온 병마를 치유하기 위해 수많은 사람이 병원을 찾는 일은 당연하고 또 어쩔 수 없는 일이지만, 그 정경은 우리네 삶이 참으로 많은 질병의 고통으로 일상화되었다는 안타까움을 자아내기에 충분하였다.

병원 내방객과 환자를 응시하고 있던 저자는, 오늘 숲길 맨발걷기가 그러한 인간의 병마를 미리 예방하고 스스로 치유하는 기적을 이루어 낸다는 사실에 다시 한번 감사한 생각이 들었다. 「맨발걷기 숲길 힐링스쿨」의 여러 회원의 치유의 증언이 그러한 사실을 뚜렷하게 증거하기 때문이다. 비 온 후, 숲길 맨발걷기의 건강한 촉감의 향연과 한 대학병원의 환자들로 뒤엉킨 정경, 그 극명한 대비를 보고 많은 상념에 잠긴 하루가 되었다.

노후의 의사이자 외로움을 감싸주는 가장 가까운 친구

〈당신에게 훌륭한 의사와 약〉이란 글은, 무료로 당신을 돌볼 수 있는 훌륭한 의사 세 분을 소개한다. ①음식(food) 의사 선생님, ②수면(sleeping) 의사 선생님, ③운동(exercise) 의사 선생님이다. 그리고 육체의 건강과 더불어 마음과 영혼의 건강을 위해 다음 2가지 약의 복용을 권하였다. 그 보약의 이름은 '웃음(laughter)'과 '사랑(love)'이었다. 즉, 음식·수면·운동을 관리하며 매일 웃음과 사랑을 잃지 않는다면 행복한 삶을 누리게 될 것이라는 이야기다.

우리 삶의 핵심을 관통하는 지혜와 통찰을 담은 이야기다.

그런데, 저자는 숲길 맨발걷기를 하면, ① 최고의 운동이 됨은 물론, ② 좋은 수면을 보장하고 또, ③ 입맛을 살릴 뿐만 아니라 채식 등 건강한 음식을 찾게 되니, 결국 세 분야의 의사 선생님을 모두 가까이하는 것이라 믿는다. 그 결과로 웃음과 사랑이란 보약을 상시 복용하는 것은 물론이다.

이렇게 당연하고 쉬운 일을 사람들이 잘 모르거나 언제든 신발을 신어야 한다는 고정관념 때문에 실천을 못 하니 안타깝다. 이러한 분들을 돕기 위해 저자는 「맨발걷기 숲길 힐링스쿨」이라는 무료 숲길 맨발걷기 초대 프로그램을 운영하고 있다.

한편, 한 회원은 "미래의 노후 친구 편"이라는 의미심장한 글을 올려주었다. 대만의 웹 영화사가 만든 영화의 제목이기도 하다. 내용은 자식을 잘 성장시켜 출가시킨 한 노인이 산촌에서 혼자 살고 있었다. 어느 날 아들과 손자가 온다는 소식에 음식을 정성껏 준비한다. 그러나 그 날 아침, 자식은 다른 급한 일로 올 수가 없다는 전화를 한다. 노인은 친구를 불러 같이 식사하려고 색이 바랜 수첩을 한참 뒤적였으나, 더불어 식사를 할 만한 친구를 찾아내지 못한다. 창밖에 비가 하염없이 내리고, 노인은 홀로 숟가락을 드는데…. 그 장면 위로 "인생의 마지막 20년을 함께 할 친구가 있습니까?"라는 자막이 흐른다.

오늘 하루, 우리 각자의 미래는 어떠한 모습일지를 곰곰 생각하게 한 화두가 되었다.

특히, 우리는 앞으로 맨발걷기를 열심히 하여 건강하게 살고 있는데(소위 저자가 2018.7.21. 대모산 공개강연에서 언급한 3그룹), 친구들은 이미 저세상으로 갔거나(1그룹), 병석에 드러누워 있는 상황(2그룹)도 머지않아 충분히 상정할 수 있다.

당장 한 회원이 "내 마음을 읽고 있네요."라고 하였고, 또 한 회원은 "글 진짜 좋네요. 미래 노후 친구들인 우리가 있잖아요~~ 맨발친구들요~~"라고 하였다. 다른 회원도 "누구라도 전화하세요. 맨발로 씩씩하게 갈게요."라고 화답하였다.

여기서 우리는 또다시 우리의 숲길 맨발걷기가 위 3가지 의사와 2가지 보약을 다 제공할 뿐만 아니라, 더 나아가 미래의 외로운 노후를 같이 하는 친구가 되어 줄 수 있는지에 대해 다시 한번 되짚어 보았다.

나이가 더 들어 외로워질 때, 우리는 여전히 숲을 찾아 맨발걷기를 할 수 있다. 그것은 남들이 갖지 않은 비교 불가의 큰 자산이자 어쩌면 노후를 건강히 보내는 큰 특권일 수도 있다. 숲을 맨발로 걸어 들어가면 우선 모든 생명의 원천인 대지가 우리를 맞아 준다. 마치 어머니 품과 같은 넉넉함으로 우리를 안아 주시기 때문에 잠깐의 외로움은 눈 녹듯이 사라진다. 그리고 주변의 풀과 나무는 물론 새와 다람쥐, 나비, 잠자리, 매미, 지렁이 등 뭇 생명체들이 우리를 반겨준다. 그리고 맨발로 딛고 있는 대지를 통해 다른 곳을 맨발로 걷고 있는 수많은 사람과 지구라는 거대한 배터리를 통해 전기적으로 연결됨으로써 공감과 연대의 느낌을 공유하기도 한다.

우리는 숲길을 맨발로 걸으면, 마음이 편안해지고 풍요로워질 뿐만 아니라, 마치 사막의 오아시스처럼 맑은 샘물을 마시는 것과 같게 되고, 또 중환자에게 산소호흡기가 제공되는 것과 같은 생명의 안전장치를 갖는다.

거기에다 항상 긍정하고, 감사하고, 행복을 나누는 우리의 맨발 친구들도 옆에 있다.

비 오는 대모산을 저희와 처음 맨발로 같이 걸은 맨발걷기의 초보자인 한 회원이 4시간에 걸쳐 홀로 빗속 맨발 산행을 즐긴 이야기는 그 가능성을 우리 모두에게 다시 한번 확인해 준 사례이다. 그는 "낮에 비가 쏟아지고 개자 3시 20분에 맨발로 능인 서원에서 시작하여 오른쪽으로 둘레길 따라 정상 능선까지 오른 후 좌로 구룡산 정상을 향해 가는데, 비가 다시 쏟아져 온몸은 흠뻑 젖어 오랜만에 비로 인한 해방감을 맛보았습니다. 땅바닥은 비로 폭신폭신하고 물길이 생겨 흐르는 물을 밟으며 가는데 얼마나 시원하고 편안하던지요. 정말, 비 오는 날 맨발 산행은 최고입니다."라고 표현하였다. 그리고 또 다른 한 회원은 당장 "와~ 빗속에서의 맨발 감촉, 그 평화로운 맨발 길을 만끽하셨군요. 그렇게 빗속의 맨발 걷기는 저에게도 색다른 행복이었답니다."고 화답했다. 그러한 한없는 기쁨을 우리는 같이 공유하고 있다.

그래서 숲길 맨발걷기는 우리 모두에게 노후의 훌륭한 의사이자 노후의 외로움을 감싸 안는 가장 가까운 친구이다.

건강한 삶과 존엄한 죽음을 예비하게 한다

2018년 11월 8일 KBS스페셜은 「죽음이 삶에 답하다」라는 프로그램을 방영했다. 평소에 거의 TV를 보지 않던 저자도 한 회원의 전갈을 받고 모처럼 TV 앞에 앉아 죽음을 앞둔 사람이 나름대로 의미 있는 삶의 마감 모습을 보면서 많은 것을 생각했다.

그 프로그램의 핵심은 죽음을 있는 그대로 자연스럽게 받아들이라는 메시지였다. 진행자는 죽음을 도와주는 몇몇 나라의 아름다운 제도를 보여주었다. 대만의 '죽음의 멘토(mentor)' 프로그램은 자신의 사후 시신의 기증을 통해 의대생들의 실습을 도우며 죽음 자체를 다른 사람의 삶을 위한 의미 있는 차원으로 승화시키고 있었다. 그리고 네덜란드의 '구급차 소원재단'은 죽음을 앞둔 말기 암 환자의 마지막 소원을 들어주며 죽음을 앞둔 사람에게 가족과 친지들과 함께 하는 마지막 아름다운 소풍을 그려 주었다. 모든 가족과 친지들이 예전에 살던 집, 가고 싶은 바닷가에 모두 동행하며 죽음을 존엄하고 아름답게 맞이하는 모습이 참으로 인상적이었다.

그러나 아쉽게도 우리나라에는 그러한 사회적 시스템이 아직 준비되어 있지 않음이 현실이다. 최근 연명 치료를 거부하는 사회적 추세가 조금씩 확산하는 것 이외에 의미 있는 아름다운 죽음을 예비할 수 있는 사회적 준비나 합의가 아직은 많이 부족한 실정이다. 그래서 우리 주변에는 요양병원 등에서 의미 없는 죽음을 맞이하는 경우가 대부분이다.

관련하여, 우리가 숲길을 맨발로 걷는 것은 사실 건강한 삶을 살기 위한 최선의 길이 숲길 맨발걷기라는 믿음 때문이기도 하지만, 또 한편으로는 건강한 죽음을 예비하는 최선의 대책이라는 믿음 역시 있기 때문이다. KBS의 스페셜 프로그램에서도 보여주었듯이 많은 사람이 말기 암 등으로 이른 나이에 생을 마감하고 있지 않은가? 그 프로그램을 보면서 그분들이 우리처럼 숲길을 맨발로 걸었다면 적어도 암으로 일찍 사망하는 일은 방지할 수 있지 않았을까 하는 생각을 떨칠 수가 없었다.

그런 면에서 「맨발걷기 숲길 힐링스쿨」의 모든 회원은 맨발걷기를 통한 건강한 삶과 건강한 죽음을 예비하는 최선두에 선 프런

티어이다. 맨발걷기를 통한 삶의 기록이 얼마나 건강한 삶을 보장하는지 아직 우리나라는 물론 전 세계에도 그 선례가 없다. 그런 점에서 우리는 맨발걷기를 통한 건강한 삶과 죽음의 사례를 전 세계 최초로 일구어 가고 있다.

우리가 이루는 건강한 삶의 기록이 후대에 건강한 삶과 존엄한 죽음의 한 본보기가 될 것임에 틀림없다. 그런 점에서 75세의 박순기 회원, 72세의 정연순 회원, 71세의 황인수 회원, 66세의 이소명 회원, 61세의 김명애 회원, 54세의 조병욱 회원, 48세의 권마산 회원 등으로 이어지는 맨발인의 건강한 삶의 계보와 그 노력을 다 같이 지켜보며, 아름다운 삶과 죽음에 같이 답해 나가도록 했으면 한다.

매일 근처 숲길이나 근린공원, 학교 운동장 등을 맨발로 걷는 모든 분의 건강한 모습이 그를 웅변해 주고 있다. 숲길 맨발걷기가 건강한 삶과 존엄한 죽음을 예비한다는 명제를 그대로 실천해 보여주고 있다. 모두에게 감사드리고 같이 응원한다.

맨발걷기는 지혜의 길

희망을 전하고 행복을 고양한다

  누구를 가르친다는 것은 정말 보람되고 숭고한 일이다. 내가 가진 것을 다른 사람들을 위해 나누어 드리는 일이기 때문이다. 그런데 그러한 나눔은 내 것을 줄이는 것이 아니고 더 크게 키우고 고양한다. 바로 이타행의 놀라운 기적이다. 그래서 그 가르침에 조금도 아끼고 주저할 일이 없다.

  희망에 관한 참 좋은 말들이 많다.

  헬렌 켈러는 "희망은 성공으로 인도하는 신앙이다"라고 했다. 미국의 남북전쟁 시대 연합군 측 장군 엘리엇 라이스는 "희망은 질병, 재앙, 죄악을 고치는 특효약이다"라고 했다. 「맨발걷기 숲길 힐링스쿨」은 바로 그러한 맨발걷기의 특효약과 같은 희망을 모르

「맨발걷기 숲길 힐링스쿨」은 맨발걷기의 특효약과 같은 희망을
모르는 사람들에게 전하고 가르쳐 드리기 위하여 활동한다.

는 사람들에게 전하고 가르쳐 드리기 위함에 다름 아니다. 그 희망이 건강에 대한 희망일 수도 있고, 좌절을 딛고 일어서게 하는 용기일 수도 있고, 행복한 삶에 대한 신념의 고양일 수도 있다. 어쩌면 그것은 우리 스스로에 대한 희망의 다짐이기도 한다. 한 회원의 "욕심은 우리를 허무하게 하지만, 사랑은 우리를 풍요롭게 하지요!"라는 이야기도 같은 맥락의 뜻이라 여겨진다.

행복에 관한 나폴레옹과 헬렌 켈러의 일화들은 더 극적인 대비를 보여준다. 일견 세상을 호령하며 세계적인 영웅으로 한 시대를 풍미했던 나폴레옹은 "내 생애에서 행복한 날은 6일 밖에 없었다" 라고 했지만(그 6일이 무엇이었는지는 정설이 없다), 세상을 볼 수도 없었고 들을 수도 없었던 헬렌 켈러는 "내 생애 행복하지 않은 날은 단 하루도 없었다"라고 했다. 세상을 보는 관점에 따라 같은 세상이라도 한 사람에게는 불행을, 다른 한 사람에게는 더할 수 없는 행복한 세상으로 달리 보일 수 있다는 것을, 두 사람은 우리에게 극명한 대비로 가르쳐 주었다.

그래서 "아침에 눈 떴다는 사실에 감사하고, 편안하게 숨 쉴 수 있음에 감사하고, 내가 원하는 곳으로 걸을 수 있음에 감사한다." 라는 한 회원의 이야기가 가슴에 와 닿는다.

우리가 항상 다짐해 왔고, 또, 지난 2018년 7월 21일 「맨발걷기 숲길 힐링스쿨」 2주년 기념행사에서 한 회원이 치유의 증언을 하면서 "맨발걷기는 긍정이고, 감사이고, 행복이다"라고 말했다. 그렇다. 숲길을 맨발로 걸음은 그러한 긍정의 마음, 감사의 마음 그리고 행복의 마음을 우리 모두의 마음속에 고양한다. 그래서 우리는 한 사람이라도 더 많은 사람에게 숲길 맨발걷기를 가르쳐드리고자 하고, 그 경이로운 치유와 힐링의 기쁨과 희망을 한없이 나누어 드리고자 하는 것이다.

간절한 서원이다

축복의 비가 내리고 있다.

저자의 「맨발걷기 숲길 힐링스쿨」 회원이 올린 우중 동영상을 통해 빗물이 쏟아져 흘러내리는 진흙 길 숲에서의 맨발걷기의 환희와 기쁨을 보았다. 마치 어린아이가 노상 분수대의 물줄기 속을 뛰어노는 것과 다름없는 유쾌하고 해맑은 즐거움이다.

30여 년을 신경과 약에 의존해 왔던 한 회원은 맨발로 걷기 시작하고 난 후, 며칠째 대모산 정상을 오른 후 구룡산 정상까지 오르고 있다. 그 사람의 절실한 맨발 산행을 보며 우리는 그의 간절함을 엿본다. 마치 순례자들이 천 리를 마다하지 않고 예수님을 만나기 위해 천신만고 순례길을 걸은 끝에 마침내 성지의 예배당 십자가 앞에 무릎을 꿇는 것과 같은 그러한 간절함이다. 그것은 잃어버린 건강의 회복에 대한 간절한 서원이다.

비록 일정한 시간이 걸리더라도 그에게 반드시 응답이 있을 것이라 믿는다. 이제 그동안 마비된 신경계에 조금씩 피가 돌고 그러면서 마비되었던 신경들이 살아나기 시작할 것이다. 발바닥에 통증을 느낀다는 이야기는 발바닥의 촉감이 살아나고 있다는 의미이다. 그동안 마비되었던 말초신경이 다시 살아나고 있다는 증거이다. 마비되었던 발끝으로 건강한 피가 흐르기 시작한 것이다. "저는 맨발걷기로 여러 가지 효험을 보고 있습니다. 죽은 양쪽 발톱이 살아났고요. 여러 가지 좋은 현상이 나타나고 있습니다."라고 그도 이미 증언하고 있다.

그의 그러한 간절함에 많은 회원이 적극적으로 응원하고 조언을 아끼지 않는다. "인내하는 마음의 여유를 가지고 서서히 개선된다는 확신을 가지세요."라고 응원하거나, "시작하셨으니, 나으셨습니다."라고 기원하는 등 모든 회원이 오로지 그의 빠른 건강 회복을 서원하는 마음을 간절하게 담고 있는 따뜻한 말을 전해주었다.

또 다른 회원은 "잃어버린 구두 때문에"라는 글에서 단지 구두를 잃어버렸다고 화를 내던 가난한 신사 바덴이 옆자리의 두 다리를 잃고도 눈물의 감사와 함께 간절한 기도를 올리는 장애인을 보고 충격 속에 깨달음을 얻었다. "자기에게는 없는 것보다 있는 것이 더 많다"라는 귀중한 진리를 발견한 그는 후에 독일의 재무장관이 되었다.

과거에 잃은 것보다 당장 가진 것이 더 많다는 사실의 발견, 그리고 숲길 맨발걷기를 통해 얻는 한없는 긍정과 기쁨이라는 진리의 발견만으로도 우리는 더할 나위 없는 축복을 받고 있는 것이 아닐까 싶다.

이것이 바로 저자의 「맨발걷기 숲길 힐링스쿨」이 지향하는 공동체적 정신이자 문화이다. 각자 간절함으로 서로 돕고 응원하는 이 긍정적인 문화가 우리 모두를 정신적·신체적으로 한 단계씩 더 높게 고양시키고 있다.

우분투(Ubuntu)의 정신을 실천한다

우분투(Ubuntu)는 남아프리카의 반투어에서 유래된 말이다. 아프리카의 전통 사상이며 평화 운동의 사상적 뿌리로 사람들 간의 관계와 헌신에 중점을 둔 아프리카의 윤리 사상이다. 남아프리카 성공회 대주교인 데스몬드 투투 대주교는 "인간은 혼자서는 살아갈 수 없는 존재라는 것이 바로 우분투의 핵심이다. 우분투는 우리가 서로 얽혀 있다는 점을 강조한다. 홀로 떨어져 있다면 진정한 의미에서 인간이라고 할 수 없고, 우분투라는 자질을 갖추어야만 비로소 관용을 갖춘 사람으로 인정받을 수 있다."라고 정의하고 있다.

"우분투란 말을 아시나요?"라는 한 영상에서는 "나만 행복하고 다른 사람들이 불행하면 그것이 무슨 행복이냐?", "나뿐만 아니라 우리가 모두 행복해야 한다.", "우리 모두의 행복이 나의 행복이다."라는 그런 취지의 선한 뜻을 우분투라는 말이 가지고 있음을 보여주고 있다.

사실 저자가 「맨발걷기 숲길 힐링스쿨」을 시작한 일도, 돌이켜보면, 위와 같은 우분투의 정신을 실천하고자 하는 뜻이었다. 그 시작은 2001년도에 저자가 숲길 맨발걷기의 경이로운 치유와 힐링의 기쁨을 발견하고서부터이다. 그 기쁨을 도저히 혼자서만 알고 있어서는 안 되겠다 싶어 책을 쓰기 시작했다. 그것이 결국 2006년도 《맨발로 걷는 즐거움》이라는 책으로 출간되었다. 그리고 10년 후인 2016년에는 대모산에서 지금의 「맨발걷기 숲길 힐링스쿨」을 개설하여 한 사람이라도 더 많은 사람에게 숲길 맨발걷기의 그 치유와 힐링의 기쁨을 가르쳐드리고 전파하는데 직접 나서게 되었던 것이다. 그것은 바로 나만의 행복, 그것만으로 끝나서는 아니 되고, 더 많은 사람들, 즉, 우리 모두가 더불어 숲길 맨발걷기의 기쁨을 공유할 때 진정한 행복이 주어지는 것이라는 그러한 믿음 때문이었다.

그러한 우분투의 믿음이 그리고 그를 실천하여 나의 행복을 우리 모두의 행복으로 공유하고 확산하기 위한 「맨발걷기 숲길 힐링스쿨」의 노력이 지금 하나, 둘씩 결실을 보고 있다. 수많은 치유의 증언들이 이어지고 있는 것이다. 그 치유의 증언을 한 사람들은 각각 새로운 치유의 기쁨과 행복을 누리고 있다. 그러나 그것은 그 사람들만의 기쁨은 아니다. 숲길을 같이 걷는 우리가 모두 건강하기 때문에 비록 직접인지는 못 하더라도 똑같은 치유의 기쁨을 나누고, 누리고 살아가고 있기 때문이다.

특히 회원들이 직접 쓰는 '맨발의 아침편지'가 그런 구체적인 상황들을 또 다른 측면에서 전하고 있다. 그 처음으로 조병욱(남, 54세) 회원이 아버지가 돌아가신 상실의 아픔을 매일 매일의 숲길 맨발걷기를 통해 치유하고 있다는 감동적인 이야기를 전하였다. 그리고 다음은 이용자(여, 62세) 회원이 무려 9페이지에 달하는 장문의 편지에 지난 몇 달간의 맨발걷기를 통한 경이로운 치유의 과정과 기쁨을 섬세하게 정리해 주었다. 그 글들을 읽으면서 우리 모두 행복하였다. 숲길 맨발걷기에서 얻은 치유의 기쁨을 같이 나누어 가졌기 때문이다. 바로 우분투 정신의 실천 결과가 아닐까 싶다.

나무의 무심함과 의연함을 닮는다

저자는 맨발로 숲길을 걷는 사람의 얼굴은 숲을 닮아 아름다워진다고 말하곤 한다. 맨발로 걷는 정자세의 바른 걸음에서 나오는 단정한 모습과 숲을 닮은 내면에서 배어 나오는 아름다움은 곧 그가 드러내는 얼굴과 몸에까지 투영된다.

그런데, 우리는 맨발로 숲길을 걸으면서 매일 숲을 가득 채운 나무들이 의연히 아무런 흔들림 없이 꿋꿋하게 자기 자리를 지키고 있음을 본다. 옆의 나무들을 방해하거나 다른 나무의 영역을 침범하지도 않는다. 그저 묵묵히 제자리를 지키고 있을 뿐이다.

그것은 무심함이기도 하고 그 어떠한 분별심도 다 떨친 의연한 깨달음의 영역이기도 하다. 그래서 숲속에 조용히 자리를 잡고 서 있는 나무들을 보면 마치 깊은 묵상에 잠긴 성자의 모습이거나 열반에 든 해맑은 스님의 모습을 닮았다.

반면 우리네 일반 사람들은 시도 때도 없는 탐욕(貪)과 화(嗔) 그리고 어리석음(痴)으로 흔들리고 괴로워하고 주변의 사람들까지 괴롭힌다. 끊임없는 마음의 변화 때문이다. 불가에서 이야기하는 일체유심조(一切唯心造)의 분별심 때문이다. 그래서 마음의 벽에 붙여 놓고 괴로워하는 모든 착(着)과 분별심들을 하나씩 다 떼어 내고 무심함과 무분별의 평화롭고 행복한 마음을 갖고자 함이 우리가 숲길을 걷고 배우고 명상하는 또 다른 이유이다.

옛날 금강산 구룡연 폭포를 보고 신라 시대 최치원은 "폭포의 물기둥과 물보라가 너울거리는 한 폭의 비단과 같다"라고 하였지만, 조선 시대 숙종 때 송시열은 "마치 산이 찡그리고 물이 성내는 것과 같다"라고 하였다. 같은 폭포를 보고 전혀 다른 2가지의 마음을 본다.

최치원은 평화로운 마음을 가진 덕에 폭포를 한 폭의 비단으로 보았다. 그의 일생 역시 재앙 없이 편안하게 살았다. 송시열은 그 마음에 진심(嗔心), 즉 화내는 마음이 있었기에 폭포에서 두려움을 느꼈으며 말년에 사약을 받고 죽음에 이르렀다. 어떠한 마음가짐을 갖느냐가 생(生)과 사(死)를 가르는 중요한 차이를 가져오는 단적인 예다.

한 회원이 올린 〈이상한 나라의 앨리스〉 중, "내 기분은 내가 정해. 오늘은 행복으로 할래."라는 글도 그러한 의미에서 참 의미가 있다. 내가 어떻게 마음먹느냐에 따라 행과 불행이 갈리고 생과 사가 갈린다면, 우리는 당연히 행(幸)을 취하고, 생(生)하는 길을 택해야 하겠다. 우리가 숲길을 맨발로 걸으면서 항상 긍정하고, 감사하고, 행복하게 생각하자는 다짐 역시 그와 다르지 않다.

섭생(攝生)의 지혜를 실천한다

노자의 도덕경 중 "귀생(貴生)과 섭생(攝生)"이라는 글에서 "대추나무에 대추를 많이 열리게 하려면 염소를 매어 놓는다. 묶여 있는 염소는 특성상 잠시도 그냥 있지 않고 고삐를 당기며 나무를 흔들어 괴롭힌다. 그러면 대추나무가 잔뜩 긴장하면서 본능적으로 대추를 많이 열리도록 하여 자손을 번식시키려 필사적으로 노력한다. 우리 몸도 그냥 편히 두면 급속히 쇠퇴하고 질병과 노화에 취약해진다(貴生). 적게 먹고 많이 움직이고, 굽혔다가 펴고, 흔들어 주고, 문질러 주고, 비틀어 주어야 생기가 더욱 발랄해진다(攝生)."라고 서술하고 있다. 그리고는 "선섭생자, 이기무사지(善攝生者, 以基無死地)", 즉, 섭생(攝生)을 잘 하는 사람은 죽음의 땅에 들어가지 않는다."고 한다.

우리가 숲길을 맨발로 걷는다는 것은, 특히 겨울철에도 불구하

184

고 숲길에 맨발로 나서는 것을 주저하지 않음은 바로 우리 몸인 대추나무에 우리 스스로 염소를 붙들어 매어 몸을 단련시키는 이치와 다르지 않다.

특히, 추운 날씨에도 불구하고 「맨발걷기 숲길 힐링스쿨」의 회원들은 숲길에 맨발로 나서서 자신의 몸에 염소를 붙들어 매고 있다. 우선 한 회원이 겨울철의 맨발걷기에 대한 실천방법을 상세히 올린 데 이어, 여러 회원이 섭생 현장을 생생하게 전했다. 일부 회원은 각각의 아파트 부근 야산에서, 우면산에서, 학교운동장에서, 그리고 대모산에서 맨발로 나섰고, 동시에 한 회원은 평창의 힐링센터에서 언 땅을 맨발로 걷는다. 또 다른 회원은 제부도 바닷가에서 맨발로 걸었다며 소식을 올렸다. 더 나아가 한 회원은 수락산 정상을 올라 계곡의 찬물에 20분간 맨발을 담가 맨발의 열을 올리는 겨울철 맨발 담금질의 역설까지 선보여 주었다.

회원들의 치열한 겨울철 맨발걷기는 "내 몸을 적당히 고생시키는 '섭생'이 '건강'한 생을 살게 한다는 것을 설파한 노자의 지혜"를 실천함에 다름 아니다. 스스로 자신들의 몸인 대추나무에 염소를 붙들어 매어 대추나무를 단련시키는 이치 그대로이다.

이러한 "대추나무의 염소"인 섭생의 이치는 앞서 이야기한 격물치지(格物致知) 및 불광불급(不狂不及)의 이치와 함께 저자의 「맨발걷기 숲길 힐링스쿨」의 회원들의 사고와 자세를 관통하는 일관된 화두이다.

얼마 전《채식 물결》이란 잡지의 창간 축사에서 저자는 "채식과 숲길 맨발걷기는 섭생(攝生)을 통한 건강관리의 2바퀴와 같다는 것이 숲길 맨발 걷기운동을 하는 저자의 지론입니다. 채식으로 몸과 피를 정갈하게 한 후 숲길을 맨발로 걸으시면, 맨발걷기의 지압(reflexology) 효과 때문에 그렇게 정갈하게 정화된 혈액이 온몸의 각 기관으로 왕성하게 공급되고, 동시에, 맨발걷기의 접지(earthing) 효과로 인해 몸속의 양전하를 띤 활성산소가 대지의 음전하를 띤 자유전자와 결합하고 중화하여 소멸합니다."라고 쓴 적이 있다.

이는 우리가 겨울철에도 추위를 이겨가며 내 몸에 염소를 붙들어 매는 맨발걷기의 섭생(攝生)을 계속할 경우, 결국 지압(reflexology) 효과로 인한 혈액의 정화 및 그 순환의 활성화와 접지(earthing) 효과로 인한 몸속의 활성산소 배출과 그 소멸로 인한 현대 문명병의 생리학적인 예방과 치유의 결과에 이른다. 그리고 이러한 숲길 맨발걷기를 통한 섭생의 생리학적인 메커니즘(mechanism)은 바로 노자의 말씀이 현대에 와서 밝혀진 생리학적 이론과도 일치한다는 사실을 여실히 보여준다.

따라서 숲길 맨발걷기는 자신의 몸인 대추나무에 염소를 붙들어 매는 섭생(攝生)의 지혜를 실천하는 길이고, 또 그러한 실천의 지혜는 반드시 보상(reward)되고 이루어진다.

새옹지마의 지혜를 찾는다

양광모 시인은 "나는 배웠다"라는 시에서 "나는 몰랐다… 진정한 비상이란 대지가 아니라 나를 벗어나는 일이라는 것을… 절망이란 불청객과 같지만, 희망이란 초대를 받아야만 찾아오는 손님과 같다는 것을… "이라고 노래했다.

시인은 진정한 비상이란 대지에서 벗어나는 것이 아니라 나에게서 벗어나는 길이라면서, 나의 뭇 분별심 즉, 아상(我相)에서 벗어남이 바로 비상(飛上)이라는 뜻으로 노래한 것이다. 그리고 절망이란 어떤 날 불청객처럼 찾아오지만, 희망이란 나의 초대를 받아야, 내가 그러한 희망을 초대해야 오시는 손님이라 묘사하고 있다.

이러한 시인의 노래는 김원수 법사의 저서 《우리는 늘 바라는 대로 이루고 있다》에서 저자가 논하는 이치인 "길한 일, 흉한 일이란 것이 본래 정해진 것이 아닙니다. 사람들의 마음 씀씀이에 따라 길이 흉으로 변하기도 하고 흉이 길로 변하기도 한다는 사실입니다."와 맞닿아 있다. 저자는 "역경은 사실이 아니고 역경이라고 생각하는 한 분별일 뿐이라고 할 때라야만, 비로소 역경이 축복으로 바뀔 가능성이 생기는 것입니다."라고 쓰고 있다.

같은 맥락에서 새옹지마의 노인도 말이 집을 나갔을 때 그를 역경이라 생각하지 않고, 나쁜 일이 있어야 좋은 일이 온다고 굳게 믿었다. 그랬더니 실제 머지않아 집 나간 말이 다른 말 한 마리까지 데리고 돌아왔다. 그렇다고 해서 또 그것 자체가 반드시 좋은 일은 아니다. 곧 그 말을 타던 아들이 말에서 떨어져 발을 부러뜨리는 불행한 일이 발생하였다. 그 경우에도 여전히 노인은 크게 당황하지 않았다. 살다 보면 그런 일이 늘 있을 수 있는 일이라 치부한 것이다. 그때 전쟁이 터졌고, 뭇 장정들이 전쟁터로 징병 당해 가는데, 다리가 부러진 아들은 이번에는 그 징집에서 제외 받는 행운을 갖게 되었다. 세상은 그렇게 늘 돌고 돈다.

그렇게 보면, 지금 불행한 일이 닥쳤다고 절망할 이유가 없다. 조만간 그 불행이 더 큰 행운으로 다가올 수 있다. 특히 그 불행을 부처님께 다 갖다 바치면서 불행 자체가 사실이 아니라 마음의 분별이 만든 조화임을 깨치고, 새로운 희망을 초대하고 창조할 때 더 그러하다.

최근 지난 30여 년을 신경과 약의 남용으로 입 주변과 발바닥의 신경이 마비되는 등 극심한 고통을 겪은 한 회원이 맨발걷기로 치유의 과정을 밟으며 참 좋은 이야기를 많이 올려주었다. 영화배우 하정우의 일일 3만 보씩 걷는 이야기가 눈에 들어온다고 한 일이나, 직장 선배가 이른 나이에 운동하지 않아 일찍 사망에 이르게 되었다는 안타까움 등은 지금 열심히 맨발걷기를 하는 상황이기에 보이는 진실들이다. 그리고 지금 그렇게 하루에 3~4시간씩 맨발로 걸으며 건강을 회복해가고 있음은 과거 잘못된 의사의 처치와 처방의 심각한 폐해를 겪었기에 가능해진 일이다. 불행이 행운으로 바뀌고 있음을 시사한다. 아직은 일부 신경조직의 문제가 지속하고는 있지만, 온몸의 상태가 정상으로 회귀하고 있음을 곳곳에서 확인한다. 지금처럼 맨발걷기를 계속한다면 일부 신경조직의 정상화도 역시 시간의 문제이다. 새옹지마의 이치가 곳곳에서 작동하는 것이다.

그런 점에서 숲길 맨발걷기는 새옹지마의 지혜를 찾는 길이다.

맨발걷기는 수행의 길

우리를 종교적 수행과 순례의 차원으로 고양한다

　한 회원이 숲길에서 우연히 만난 한 수녀님께 맨발로 같이 걸어 보실 것을 권했다. 그랬더니 수녀님은 신발을 벗고 그 창백한 맨 발로 숲길에 나서셨다.

　다음 날 "맨발로 걸은 것이 너무 좋았다"라고 하시며 다른 수녀 님을 모시고 숲길을 다시 찾으셨다. 놀라운 일이다. 맨발걷기의 그 경이로운 치유와 힐링의 기운이 우리 일반인은 물론 성직자에 게까지 유효할 수 있음을 보여 준 좋은 사례이다.

　원래 맨발걷기란 종교적 수행이나 순례의식의 한 방편이었다. 40년 동안 가나안 땅을 향해 걸었던 모세는 물론 예수 그리스도 도 나사렛 고을이나 갈릴리 바닷가에서 전도할 때 맨발로 걸었다.

성 프란시스는 맨발 수행을 하는 수도회를 창설하기까지 하였다. 석가모니는 6년여 맨발 고행 끝에 득도하였고, 부처가 된 이후에도 45년 동안 맨발로 인도 각지를 돌며 중생을 교화하였다.

기독교와 불교에서의 그러한 애초의 맨발 수행의 전통이 오늘날 지켜지지 않고 있음이 혹시 오늘날 종교계의 일부 분란과 일탈을 가져온 원인이 아닐까 생각해 본다.

우리가 맨발로 걸음은 자신의 존재에 천착하는 순일한 명상이다. 나 자신의 아상과 분별을 벗어 던지고 나와 너가 다르지 않은 일체 무경계의 경지에까지 나아가는 일이다. 그래서 "내가 겸손해지면 사람들의 마음의 문이 열리고 벽이 사라지는" 이치와도 통하고, 혜민 스님의 "평범한 그대를 응원합니다"라는 글과도 맥을 같이 한다.

이렇듯 우리의 맨발걷기는 단순한 운동의 차원을 넘어 경이로운 치유와 힐링의 효과를 선사함은 물론 우리 자신을 종교적 수행과 순례의 차원으로까지 고양해 준다. 한 사람이라도 더 많은 분을 맨발걷기의 숭고하고도 아름다운 순례의 여정으로 초대해야할 이유이다.

일체유심조(一切唯心造)의 깨달음을 얻는다

한 회원이 "나의 멋, 나의 인생"이라는 글을 올렸다. "세상이 나를 힘들게 하는 것이 아니라, 내가 나 때문에 무거운 것이다. 세월이 나를 쓸쓸하게 만드는 것이 아니라, 내가 나 때문에 외로운 것이다."라는 내용이다. 옳은 말이다.

세상의 모든 현상은 나의 마음으로부터 비롯된다. 내가 생각하고 보는 세상, 특히 아상(我相)으로 보는 세상은 실제 세상이 그러한 것이 아니라 내가 그리 생각할 뿐인데 그를 깨닫지 못하고 거꾸로 "세상이 나를 괴롭힌다. 세월이 나를 쓸쓸하게 만든다."라며 괴로워한다. 그러나 실제는 내 마음이 나를 그렇게 만들고 있는 것인데도 즉, 내 마음이 만들어 낸 조화에 불과한 착각이요 허상이라는 것을 깨닫지 못함에서 그러한 고통이 비롯되는 것이다. 따라서 그를 깨달을 때, 우리에게 비로소 진정한 깨우침과 해탈의 길이 열린다. 우리가 숲길을 걷는 것은 바로 그러한 일체유심조(一切唯心造)의 진리를 깨치는 해탈의 길이다.

숲길을 맨발로 걸을 때 유독 마음이 편안해지고 그동안 가졌던 모든 고통이 눈 녹듯 사라지는 이유는 마음의 착각과 허상을 숲길에서 깨치기 때문이다. 숲길은 그것을 우리에게 가르친다. 앞서 저자는 숲길을 맨발로 걸으면 숲을 가득 채운 나무들이 의연히 제자리를 지키고 있음을 봄과 동시에 나무의 무심함을, 어떠한 분별심도 다 떨친 의연한 깨달음의 영역을 본 다 하였다. 그래서 숲속에 조용히 자리를 잡고 서 있는 나무들을 보면 마치 깊은 묵상에 잠긴 성자의 모습이거나 열반에 든 해맑은 스님의 모습을 닮았다고 하였다. 우리는 숲길을 맨발로 걸으며 그를 배운다.

한자의 쉴 휴(休) 자를 살펴보면, 그 휴(休)는 사람 인(人) 변에 나무 목(木)자로 구성되어 있다. 즉, 사람이 나무에 가까이 기대어 서면 곧 쉼(休)과 평안함이 찾아 든다는 뜻이다. 그러한 측면에서도 숲길을 맨발로 걸으면 나 자신의 존재의 실상을 대면하며 일체유심조(一切唯心造)의 깨우침에 이르게 한다.

한 회원이 "오늘"이라는 제목의 글을 올려주었다. "지나간 일은 지나간 일일 뿐이다. 늘 감사하며 사는 것이 곧 행복이다. 오늘 내가 존재함에 감사~! 오늘 내가 건강함에 감사~! 오늘 내가 일 할 수 있음에 감사~! 오늘 내가 누군가를 만남에 감사~! 감사가 넘치다 보면 미래는 저절로 행복해지리라~~!!"고 하였다.

그러한 긍정적인 사고, 항시 감사하는 마음, 언제나 행복하다는 느낌, 그것이 바로 우리가 숲길을 맨발로 걸으며 갖는 마음이다. 항상 "긍정하고, 감사하고, 행복하게 생각하기" 바로 그것이다. 그래서 우리는 맨발로 숲길을 걷는 것이 너무나 고맙고 즐겁고 행복하다. 그런데, 그런 마음의 상태는 누가 가져다주는 것이 아니라 바로 나 스스로 그렇게 생각할 때 세상은 그렇게 만들어지는 것이고, 그러한 마음의 상태는 숲길을 맨발로 걸을 때 가능한 일이다.

그래서 숲길 맨발걷기는 일체유심조(一切唯心造)의 깨달음을 얻는 길이다.

마음의 착(着)을 떼어낸다

불가에서는 모든 고통의 근원이 마음의 집착에 있다고 본다. 숲길 맨발걷기는 바로 그 마음의 착(着)을 떼어내는 길이다.

일체의 제법(諸法)은 그것을 인식하는 마음이 나타남이고, 존재의 본체는 오직 마음이 지어내는 것일 뿐인바, 우리는 곳곳에 마음의 착(着)을 붙여 놓고, 스스로 고통스러워하거나 괴로워하거나, 미워하거나, 사랑하고 있을 뿐이다. 일체유심조(一切唯心造)도 같은 맥락이다.

우리는 이제까지 숲길 맨발걷기는 명상의 길이라고 정의해 왔다. 맨발로 숲길을 걷는 동안 우리의 마음은 발바닥과 땅의 접지에 집중하게 됨으로써, 나 자신 존재의 실존에 천착했다. 그런데 운동화나 등산화를 신고 숲길을 걸으면, 생각의 흐름이 과거 이미 지나간 일로 인한 한(恨)에서 맴돌거나 아니면 아직 오지도 않은 미래에 대한 불안의 고통으로 방황하는 일이 비일비재하다. 하지만 맨발로 숲길을 걷게 되면 지금 현재 자신의 존재에 집중하게 됨과 동시에 온갖 마음의 집착들을 다 내려놓게 된다. 괴로웠던 일, 아팠던 일, 미웠던 일, 사랑했던 일 등 여기저기 붙여 놓았고, 아직도 붙여 놓고 괴로워하는 그 모든 마음의 착(着)을 다 떼어 내려놓고 나면 나 자신 존재의 내면 깊은 곳에서 맑은 샘물과 같은 기쁨이 솟아남을 느낀다. 바로 맨발로 걷는 숲길에서 얻는 마음의 평화와 행복이다.

비 오는 과천 공원길을 걸으며 포근하고 고즈넉한 행복감을 느낀 사람이나 비 오는 관악산 산림욕장을 걸은 사람의 행복감이나 비 오는 대모산 숲길의 맨발걷기가 최고라는 사람의 기쁨 모두 숲길을 걷는 동안 모든 마음의 착(着)을 다 떼어 내려놓았음에 기인한 행복이다.

최근 계속 내린 비로 숲길은 촉촉하고 포근하기 이를 데 없다. 숲길에 들어서는 순간 우리는 모두 그 청량한 숲의 기운과 촉촉한 대지의 반김에 즉각 모든 마음의 착(着)을 다 떼어 내려놓는다. 그리고 마음 깊숙이 샘솟는 기쁨과 행복감을 만끽한다. 숲길 맨발걷기는 마음의 착(着)을 떼어내는 길이기 때문이다.

어머니 대지에 마음의 짐을 내려놓는다

숲길을 맨발로 걷게 되면 이곳저곳 마음의 벽에 붙여 놓았던 여러 가지 착(着)을 떼어냄으로써 스스로 생로병사의 고통에서 벗어나 명경지수의 평온한 상태로 마음의 안정을 얻을 수 있다. 숲길을 걸으며 마음의 평온을 찾음은 바로 그러한 마음의 착(着)을 하나씩 떼어내고 진정한 나를 찾아낼 수 있기 때문이다. 그 궁극의 경지는 깨달음의 세계로 또 열반으로 이르는 길이다.

한편, 우리는 살아가면서 여러 가지 마음의 짐을 지고 살아간다. 어쩌면 그러한 마음의 짐은 스스로 만들어내는 것이다. 자신의 마음 속에서 생겨나는 탐욕(貪)과 분노(嗔) 그리고 어리석음(恥)이 그러하다. 결국, 삶의 행과 불행은 다 자신의 마음이 만드는 것이다. 불가에서는 그를 일체유심조(一切唯心造)라고 한다.

그렇다면 그러한 마음의 짐을 내려놓아야 할 터인데 어찌해야 내려놓을 수 있을까? 부처님이나 예수님께 또는 천주님께 그러한 마음의 짐을 다 내려놓고 버림으로써(dump) 해결하는 방법이 있을 수 있지 않을까? 즉, 절대자에게 나의 마음의 짐을 다 바침으로써 나 자신 그러한 마음의 짐으로부터 스스로 벗어나는 길을 의미한다.

숲길을 맨발로 걷는 우리는 마음의 짐을 버리고 내려놓게 한다. 「맨발걷기 숲길 힐링스쿨」의 대모산 교육장에서 후술하는 7가지 맨발 걸음 연습 시 마음의 짐과 스트레스를 다 내려놓고 두꺼비처럼 걷는 첫걸음에서 우리는 첫 준비를 시작한다.

우리가 숲길을 맨발로 걸으면서 마음이 상쾌해지고 무거웠던 머리가 가벼워지는 것은 바로 숲길 맨발걷기를 통해 우리 스스로 마음의 짐을 내려놓고 대지에 그러한 마음의 짐을 던지기 때문이다. 최근 한 회원이 밝힌 맨발걷기 2개월의 소회인 "매일 기분이 상쾌해요. 머리도 맑고요. 전보다 상당히 낙천적으로 되어가고 있는 듯이 느낍니다."라는 이야기 역시 그러한 맨발걷기가 주는 마음의 짐을 숲길에 던지고 내려놓는 효과이다. 그래서 숲길을 어머니 대지라 이르는 것이다. 어떠한 우리의 마음의 짐도 고뇌도 다 받아주시는 어머니와 같기 때문이다.

그런데 여전히 남아 있는 마음의 짐이 있다면, 어떻게 해야 할까? 서로 간에 나누어야 한다. 숲길을 맨발로 같이 걷는 모두가 그러한 마음의 짐을 골고루 나누어질 수 있다면, 한 사람 한 사람의 짐은 그만큼 더 가벼워질 수 있는 이치가 아닐까 싶다. 바로 도반(道伴)의 이치이다.

모든 애착과 분별심을 대지에 다 내려놓는다

〈누군가는 지금 그렇게 기도합니다〉라는 언더우드의 기도 낙서장 글을 보면, 누군가 지금 제발 "걸을 수만 있다면", "설 수만 있다면", "들을 수만 있다면", "말할 수만 있다면", "볼 수만 있다면", "살 수만 있다면"… 등등의 간절하게 소원을 청하고 있다. 그런데 나는 지금 그러한 간절한 소원들을 다 이루고 있으니, 나야말로 나의 삶을 감사하고, 사랑하고 또 얼마나 행복한지 깨달아야 한다는 다짐의 글이다. 예수님 앞에 꿇어앉은 기도자의 간절함이 읽히는 성스럽고 아름다운 글이다.

아마도 우리가 숲길에 들어서서 맨발로 걸으며 갖는 마음가짐과도 일맥상통하는 것이 아닌가 싶다. 어머니 대지 앞에 모든 것을 다 내려놓고 대지와 일체가 되는 데서 오는 안도감과 편안함에서 비롯되는 긍정과 감사 그리고 행복감이 바로 그러하다.

하지만, 세상의 일들이 그리 단순하지만은 않다는 데 문제가 있다. 당장 견디기 어려울 정도의 정신적 · 육체적 고통이 수반되는 수많은 상황과 사람들 사이의 갈등 등 문제들 때문이다. 그리고 그로부터 비롯되는 좌절과 분노를 삭이는 일 역시 쉽지 않기 때문이다.

관련하여, 불교 수행자인 김원수 법사는 그의 저서 "우리는 늘 바라는 대로 이루고 있다"라는 책에서, 그의 스승이자 선지식이셨던 백성욱 박사의 실천법을 알려주었다. 불교의 대표적 경전인 금강경의 가르침을 따라 "온갖 떠오르는 생각, 그 배은망덕한 마음, 의지하는 마음 등을 모두 다 부처님께 바쳐라."라는 것이다.

구체적인 예로 저자가 군 장교로 복무하던 시절 상사에게 빌려준 귀한 반지를 돌려받아야 하는데, 상사가 돌려주지를 않아 불안해하고 안달하고 있을 때, 선지식께서는 "반지를 되돌려 달라 요청하지 말고, 그 돌려받고 싶은 마음을 부처님께 바쳐라."라고 가르치셨다. 그리고 "그 생각을 잘 바친다면, 그 사람은 정신없이 반지를 가지고 너에게 달려올 것이다"라고 하셨고, 실제 얼마 지나지 않아 그 상사가 돌연 반지를 돌려주었다는 것이다. 또 과거 군정 시절 어느 교수가 정부에 반대하는 글을 썼다가 감옥에 갔혔을 때, 언제 풀려나올지 알 수 없는 그 엄청난 절망감과 고통으로 괴로워하고 있을 때도, 선지식께서는 "그 고통스럽고 절망적인 생각을 모두 부처님께 바쳐라."라고 하셨고, 실제 머지않아 그는 풀려났다는 것이다.

마음속에 붙어 있거나 올라오는 모든 애착과 분별심을 다 부처님께 바치면, 그 애착과 분별심 역시 착각이요, 본래 없음을 깨닫게 되고, 그 자리에 부처님이 자리할 것이라는 가르침이다.

이러한 가르침은 예수님께 바치는 기독교인의 간절한 기도와도 그 맥을 같이 한다. 그리고 숲길을 맨발로 걷는 우리에게는 그 모든 애착과 분별심을 숲길의 어머니 대지에 다 내려놓는 일이기도 하다.

화를 삭이고 내려놓는다

우리가 생활하다 보면 매일 옳고 그름의 다툼에 부딪히는 경우가 비일비재하다. 나는 저것이 옳다고 생각하는데 상대방은 이것이 옳다고 한다. 그리고 그 옳고 그름에 대한 다툼이 이어진다. 각자 자기의 생각을 버리지 못하고 다툰다. 내가 옳음에도 불구하고 상대방이 그것을 인정하지 않는다고 화를 낸다. 살아가면서 생기는 화의 대부분이 그런 것이다. 때로는 화를 못 삭여 울화병에까지 이르기도 한다.

화를 낸다는 문자는 한자로 성낼 진(嗔)자를 쓴다. 성낼 진(嗔)자를 가만히 들여다보면 그 구성이 참 묘하다. 바로 입구(口) 자와 진실 진(眞)자가 결합한 단어다. 즉, 말로써 어느 것이 옳은가를 서로 다투는 일을 표현하고 있다. 화를 낸다, 성을 낸다는 것은 바로 무엇이 옳은가를 가지고 다투는 데서부터 비롯된다는 뜻이다. 그것이 바로 이 한자어 성낼 진(嗔)자의 의미다. 그런데 한자의 구성만 놓고 보면, 진실 그 자체에는 큰 의미를 부여하지 않는다. 오히려 그를 두고 분별하고 다투는 일에 의미를 둔다.

모든 사물은 존재하지 않고 오로지 마음이 만드는 일체유심조 (一切唯心造)의 조화라는 깨우침과 맥을 같이 한다. 그렇다면 화를 삭이는 일은 바로 무엇이 옳은가를 다투는 일에서부터 벗어나 그를 내려놓는 것이 중요하다는 사실을 시사한다. 결국, 모든 것은 마음의 조화라는 일체유심조(一切唯心造)의 가르침을 따르고, 내가 옳다는 주장을 내려놓고 상대방의 주장을 경청하는 일, 그리고 상대방의 주장을 포용하는 일, 거기서 화를 삭이는 일은 시작된다.

사실 저자가 다니던 옛날 대학의 건물 입구에는 '정의의 종'이 달려 있었다. 세상이 정의를 배반하고 불의에 물들 때는 그 '정의의 종'을 울리곤 하였다. 그 정의의 종소리는 그 후 평생 저자를 따라다니는 소리가 되었다. 불의에 맞닥뜨리게 되면 그냥 넘기지를 못하고, 항시 옳고 그름을 다투면서 정의의 이름으로 불의를 경계하고자 하였다. 그 과정에 필연적으로 다툼이 일어나고, 분노가 따랐다. 그것은 분별심이고, 때로는 세상과 정면으로 부딪치는 대결이 되곤 하였다. 그래도 전에는 항상 마지막에 정의는 승리하였다. 하지만, 요즈음은 정의와 불의의 보편적 구분까지 없어졌다. 오로지 힘이 있는 쪽이 정의가 되어버리는 일이 다반사가 되었기 때문이다.

그래서 이제는 안다. 숲길을 맨발로 걸으며 그 다툼에서, 그리고 그 성냄에서, 그 분별심에서 벗어나야 함을… 우리가 숲길에서 맨발로 걸으며 배우는 일이 바로 그런 화를 삭이고 내려놓으며 나무의 무심함과 의연함을 배우는 일이다. 즉, 숲길을 맨발로 걸으면서 숲을 닮고 나무를 닮는 일은 바로 그러한 화를 삭이고 화를 내려놓는 일임과 동시에 나무처럼 무심한 의연함에 이르는 길이다.

일일시호일(日日是好日)의 기쁨과 깨우침을 선사한다

며칠간 모처럼 여행으로 재충전의 시간을 가졌다. 달리는 차 창가 들판에서 누렇게 익어가는 벼를 보며 가을을 만끽하고, 파란 물빛의 평화로운 속초 영랑호 변 숲길과 기암절벽이 늘어선 설악산 숲길을 호랑이처럼 맨발로 걷고 명상하는 호사를 누렸다.

얼마 전 한 회원이 〈가을비 내리는 청명산 숲길〉이라는 멋진 시에서 "오늘도 좋은 날이다!"라고 노래한 적이 있다. 숲길을 걷는 것이 그의 노래처럼 아버지와 어머니와 애인과 만나는 날이기도 하지만, 숲길을 걷는 자체가 그저 순일한 즐거움이고 따라서 숲길을 걷는 하루하루가 좋은 날이기 때문이다. 대모산의 숲길도 설악산의 숲길도 그 점에서 다르지 않다.

나날이 좋은 날이 한문으로는 일일시호일(日日是好日)이다. 중국 당나라 때 선승 운문 선사가 한 말로 한국 불가에서 종종 화두로 제시되곤 한다.

요즈음 「맨발걷기 숲길 힐링스쿨」의 회원들이 이루어가는 매일 맨발로 걷는 삶들이 바로 그러하다. 한 회원의 제안으로 많은 분이 대모산, 구룡산을 잇는 둘레길을 맨발로 종주하는 번개 산행에 동참하고 행복한 추억들을 남겨 주었던 일이 그러하고, 또 서오릉 숲길에서 주변의 여러 사람과 함께 맨발걷기의 즐거움을 전파하고 확인한 일이 그러하다. 또 한 회원 내외는 집 뒤 관악산을 맨발 산행하고 넓은 바위에서 도시락을 들고 따뜻해진 바위를 침대 삼아 한숨 낮잠을 즐긴 일 등이 바로 그러한 즐거운 나날들을 웅변한다.

언젠가 한 회원이 "숲길을 맨발로 걷는 것은 소확행이다"라고 한 바 모습 그대로이다. 연세대 심리학과 서은국 교수가 "약간 가랑비처럼 젖는 일상에서 빈도가 높은 즐거움이 행복한 사람과 그렇지 않은 사람을 가르는 결정적인 잣대다."라고 썼음도 같은 취지다.

일상에서 빈도가 높은 즐거움, 우리의 숲길 맨발걷기는 바로 그러한 일일시호일(日日是好日)의 기쁨과 깨우침을 선사한다.

맨발걷기의 감성과
관능의 미학

일상의 축제

    맨발걷기는 여럿이 또는 홀로 즐기는 일상의 축제이다.

    다비드 르 부르통은 그의 책《걷기 예찬》에서 걷기는 "세계를 느끼는 관능에로의 초대다."라고 하였다. 또, "시간과 공간을 새로운 환희로 바꾸어 놓는 고즈넉한 방법이다."라고도 하였다. 그리고 루소는 "걷기는 고독한 것이며 자유의 경험, 관찰과 몽상의 무궁무진한 원천, 뜻하지 않는 만남과 예기치 않은 놀라움이 가득한 길을 행복하게 즐기는 행위다."라고 하였다.

    일상의 걷기가 그러할진대 숲길 맨발걷기는 숲길과 맨발이라는 특수한 요소들이 가미됨으로써 일상을 행복한 축제로 승화한다.

    서달산 숲길의 나무 테이블에 올려놓은 졸저《맨발로 걷는 즐거움》과 커피 한 잔의 모습이 주변의 가을 햇살에 비추이는 숲과 어우러져 한 폭의 아름다운 풍경을 자아냈다. 커피잔의 커피 위에 수놓아진 소나무 그림자는 세필로 그려진 한 폭의 동양화다.

또 한 회원은 창밖의 하늘에 떠 있는 저녁노을 속 구름을 보며 맛깔스러운 언어로 채색동화와 같은 아름다운 글을 올려주었다.

"식당 창밖으로 보이는 하늘에 하얀 솜구름이 흘러갑니다. 솜구름 속에 푸들 한 마리가 얌전히 앉아 있습니다. 잠시 후 하얀 푸들(poodle)은 매서운 들돼지로 변신하여 돌진합니다. 한참 있더니 들돼지는 입을 크게 벌린 악어로 변신합니다. 악어 밑에 흰눈에 덮인 히말라야산맥이 펼쳐집니다. 오늘따라 구름이 너무 아름답네요!!"

숲길을 맨발로 걸으면 누구나 시인이 된다. 화가가 되고 작가가 된다. 마음이 한없이 열리기 때문 아닐까 싶다. 그 열린 마음속에 시가 나오고, 음악이 흐르고, 그림이 그려진다. 또 그 열린 마음 때문에 숲길에 들어서기만 하면 마음이 편안해진다. 행복해진다. 그리고 다른 생명체에 대한 사랑과 연민의 마음으로 따뜻하고 풍요로워진다. 「맨발걷기 숲길 힐링스쿨」단체 대화방이 그 어디보다 싱싱하게 살아 숨 쉬며 감사와 공감, 사랑의 물결로 넘치는 이유이다.

한 회원의 멋진 도발에 다른 회원이 '맨발 만세!'라고 댓글로 응원하고 또 다른 회원은 '맨발 파이팅!'을 외쳐 준다. 그리고 이어 다른 회원은 '새벽 맨발걷기가 너무나 좋다. 푸하하하'라고 올려

숲길을 맨발로 걸으면 누구나 시인이 된다. 화가가 되고 작가가 된다.
마음이 한없이 열리기 때문이다.

준다. 이어 한 회원이 '100인의 맨발인들 사랑해요.'라고 글을 올린다.

이렇게 우리가 걷는 숲길은 우리 맨발인들의 이야기가 펼쳐지는 축제의 장소이자 무대이다. 아름다운 숲길이 무대가 되고, 거기에는 햇볕과 바람, 풀벌레 소리, 새 소리 등 온갖 종류의 음악과 음향 장치가 가동하는 환상의 무대이다. 그리고 맨발을 통해 숲길의 온갖 촉감들이 기쁨의 향연을 제공한다. 혼자 즐겨도 좋고 여럿이 즐겨도 좋을 언제든 준비된 무대이다. 숲길에 맨발로 나서기만 하면 축제가 열리고, 그래서 숲길을 맨발로 걷는 우리는 매일매일 행복한 축제의 삶을 살고 있다.

축제가 열리는 시간은 제약이 없다. 새벽부터 밤늦게까지 언제든 즐기는 시간이다. 한 회원이 새벽에 맨발로 걷고, 또 다른 회원은 북경 청화대에서 아침마다 맨발 조깅을 즐긴다. 낮에는 여러 회원이 이곳저곳 숲길에서 맨발의 축제를 즐긴다. 그리고 저자는 조명등이 켜진 탄천 제방 숲길에서 야간의 맨발축제를 즐긴다. 귀뚜라미 소리가 요란한 숲길에서 호젓한 축제의 밤을 즐기는 것이다. 맨발인의 삶은 그렇게 축제의 연속이고 앞으로도 그렇게 매일매일 일상의 축제로 이어질 것이다. 맨발로 걷는 사람 모두가 각각 일상의 축제의 주인공이다.

공감과 연대의 걸음

우리가 운동화나 구두를 신고 땅 위에 서 있으면, 나와 대지 간의 전류 교류가 절연되어 단절됨은 물론, 나와 다른 생명체, 나와 다른 사람 간의 교류 역시 단절된다. 하지만, 우리가 맨발로 대지를 밟는 순간, 나와 다른 생명체는 물론 나와 다른 사람 간에도 전기적으로 즉각적으로 교류할 뿐만 아니라, 대지를 통해 서로 연결되어 있다는 인식에 이른다. 그것은 이 지구상에 존재하는 같은 생명체로서의 공감일 뿐만 아니라 같은 대지 위에서 살아가는 생명체로서의 연대 의식이기도 하다.

결국, 신발을 신은 상태에서는 이루어질 수 없는 다른 사람, 다른 생명체와의 공감과 연대가 맨발로 땅을 밟을 때는 가능해지는 이치이다. 맨발을 통해 우리는 이 지구상에 존재하는 뭇 생명체와 다른 사람들에 대해 시간과 공간을 뛰어넘는 사랑과 공감의 연대에 이르게 되는 것이다.

한 회원이 듬직하게 잘 생긴 아들과 우면산을 맨발로 오를 때 다른 회원들은 각각 대모산에서, 충청도 서해 쪽 과수원에서, 저자는 탄천 변에서 오후 맨발걷기에 나선 때였기에 우리는 비록 서로 의식은 못 했어도 서로 간에 맨발로 선 대지를 통해 공감과 연대를 나누었다 하겠다. 또 한 회원이 밤늦은 시각에 맨발 조깅을 할 때 저자 역시 탄천 변에서 마지막 밤의 맨발걷기를 즐기고 있었으니, 그때 그 회원과 저자도 공감과 연대를 나누었다 할 것이다.

이렇게 주변의 사람들이나 뭇 생명체와의 공감과 연대는 살아 있음에 대한 근원적인 긍정으로 이어지고, 더 나아가 현실 사회의 여러 어려움과 고단함을 넘어서는 삶에 대한 공동의 예찬과 향연으로 승화시켜 나가는 원동력이 된다.

우리가 맨발로 걸어야 할 진정한 이유이고 또 숲길 맨발걷기가 이타행의 시작인 이유이기도 하다.

언제나 숲길은 포근히 안아 주시는 어머니

「맨발걷기 숲길 힐링스쿨」의 최봉석(남, 68세) 시인이 문경새재 숲길의 사진과 시로 아침을 행복하게 열어 주었다.

여기는 문경새재,
계곡물 소리를 옆에 끼고,
모래흙 깔린 숲길을 걷는다

간밤의 비구름을 뚫고,
찬란한 태양이 솟아오른다

물소리 반주에 맞춰,

새들이 노래한다

정자에 앉아,
아침 햇살을 맞는다

　그러자 한 회원이 "그냥 눈으로 보는 것으로 만족했던 흙길이 이제는 그 무엇보다 가장 친근하여 다가가고 싶은 매혹적인 존재가 되어버렸어요. 계곡 물소리, 새소리도 좋아하나 방금 올려주신 흙길에 시선이 고정되는 건 제가 맨발인이 되었다는 증거일까요?"라고 자문(自問)했다. 또 다른 회원은 "문경새재 길 아름답습니다. 맨발걷기를 모를 때 그 길을 갔었는데, 이제 보니 흙길이 엄마 품처럼 평온해 보이고 털썩 주저앉아 맘껏 온몸에 흙 묻히며 뒹굴고 싶은 고운 숲길이네요. 맘껏 즐기고 건강해져 오세요."라고 화답해 주었다.

　두 사람 다 흙길, 즉, 숲길을 "그 무엇보다 가장 친근하게 여겨 다가가고 싶은 매혹적인 존재"로 또 "엄마 품처럼 평온해 보이고 털썩 주저앉아 맘껏 온몸에 흙 묻히며 뒹굴고 싶은" 그러한 존재로 인식하고 있는 것이다.

　우리가 걷는 숲길을 저자는 그래서 항상 어머니 대지라고 이야기한다. 그리고 대모산의 숲길을 큰 어머니의 품속과 같은 고즈넉하고 따뜻한 길이라고 이야기한다.

　실제 그 어디이든 숲길은 언제나 우리를 어머니처럼 따뜻하게 맞아주고 감싸주고 위로해 준다. 또 언제나 우리에게 새로운 힘을 주고 에너지를 충전해 준다. 마치 어머니가 따뜻한 밥을 지어 우리의 배고픔을 채워 주시듯이, 숲길은 우리에게 새로운 힘과 에너지를 충전해 주고, 새로운 생명의 원천이 된다.

특히 그러한 어머니의 위대함을 우리는 평소에는 잘 모른다. 우리가 아플 때나 괴로울 때나 힘이 없을 때 또는 좌절할 때 어머니는 위대한 존재로 다가서서 우리를 따뜻하게 격려해 주신다. 숲길도 마찬가지이다. 숲길은 우리가 괴로울 때, 힘이 없을 때, 좌절했을 때 우리에게 힘을 주고 에너지를 충전해 주고 새로운 삶의 생명력으로 충만케 해준다. 그래서 우리가 걷는 숲길은 항상 변함없이 우리를 편안하고 포근히 안아 주시는 어머니와 같은 존재다.

숲길의 편안함은 대지와의 스킨십이 주는 결과

한 회원이 "맨발이 이렇게 제게 매혹적일 줄 몰랐습니다. 오늘은 맨발걷기하면서 맨발은 스킨십과 같다는 생각을 해보았어요. 대인관계에서 예측할 수 없는 사람을 대하기가 가장 어렵다고 하는데요. 땅은 언제나 나를 포근하게 받아주고 부드럽게 스킨십을 느끼게 해주는 존재인 것 같아요. 스킨십을 통해 사랑으로 내 맘을 만져주니 내가 기쁨과 안정을 찾는군요. 대지에 대한 그런 믿음이 있기에 어쩌다 작은 돌이 밟힐 때도 웃을 수 있나 봅니다. 오늘도 제가 맨발로 스킨십 할 수 있는 흙길이 있다는 것이 너무 감사하게 느껴졌습니다!"라고 써서 올려주었다.

그렇다. 우리가 숲길을 맨발로 걸을 때 가지게 되는 편안함과 안정감은 바로 대지와의 스킨십의 결과이다.

실제 대지는 생명의 모체이다. 뭇 생명을 잉태하고 키워내는 어머니이다. 그리고 생태계를 선순환하게 하는 불멸의 에너지이다. 봄이 되면 새싹을 틔우고, 여름이면 그 싹들이 꽃을 피워낸다. 가을에는 열매를 맺고, 낙엽을 떨어뜨린다. 대지는 낙엽들을 제 가슴에 품고 썩혀 또 다른 생명의 양분을 만들어낸다. 그리고 겨우내 하얀 눈을 둘러쓰고 다시 태어날 새봄의 생명을 보호하다가 때를 맞추어 새싹을 틔워 올린다.

그런데, 유감스럽게도 오늘날 대부분의 사람들은 생명의 모체인 대지와 격리된 채 살고 있다. 일 년 내내 땅을 맨발로 밟아 보지 못한 채 살고 있다. 거기에다 사람들이 신는 각종 운동화와 구두는 어머니 대지와의 전기적 소통과 교류를 완벽하게 차단시키고 있다.

아메리칸 인디언들은 '건강한 발은 대지의 박동을 들을 수 있다'라고 하였다. 또 '대지를 맨발로 걸으면 우리의 정신이 우주로 연결된다'라고 믿었으며, 우리의 발은 바로 대지와 그 위를 흐르는 에너지와의 접촉 창구라고도 하였다.

그렇게 맨발이 되지 아니하고는 어머니 대지의 울림을, 사랑을 또 그 생명의 근원적인 힘을 들을 수도 느낄 수도 없다. 어머니 대지로부터 전해져 오는 그 생명의 에너지를 나누어 받을 수가 없다.

오늘날 현대인의 각종 암 등 온갖 문명병은 바로 그러한 대지와의 격리에서 비롯되었다 하여도 과언이 아니다. 자연으로부터의 소외, 어머니 대지로부터의 격리, 그것이 바로 현대인들의 각종 질병의 근원이다. 한마디로 어머니 대지와의 스킨십의 부족이 온갖 문명병의 근본적인 원인인 것이다.

다행히 우리는 지금 신발을 벗고 숲길을, 근린공원을, 학교운동장을 맨발로 걷고 있다. 그리고 곳곳에 맨발로 걸을 수 있는 또는 뛸 수 있는 흙길의 존재가 우리들의 눈에 들어오고 있다. 숲길의 그 촉촉함과 미끈미끈하고 포실포실한 촉감의 향연이 그리고 어머니 대지와의 행복한 스킨십이 여러분을 기다리고 있다.

한없는 긍정이자 희망

한 친구가 "걱정하지 마. 잘될 거야."라고 용기를 북돋우는 메시지를 보내 주었다. 큰 위안이 되는 말이다. 우리 모두 그렇게 긍정하며 세상의 한고비 한고비를 슬기롭게 헤쳐 나갔으면 한다.

현재의 잠시 어려운 문제는 종종 더 밝은 미래를 잉태하고 있고 또 새옹지마와 같은 더 좋은 결과를 창출하기도 한다. 적어도 긍정적인 사람에게는 그렇다. 하느님도 그래서 간혹 더 큰 사랑을 주시기 위해 견디기 어려운 시련을 내리시곤 하시지 않는가?

솔로몬왕도 이러한 말을 하였다.

"아무리 기쁜 일이 있을지라도, 혹은 아무리 고통스러운 일이 있을지라도, 이 또한 지나가리라(This shall, too, pass away!)."

어떠한 경우에라도, 그렇게 능치고 아랫배에 힘을 주어 보라. 그리고 맨발로 숲길을 걸어보라. 다시 용기가 솟아나고 재충전될 것이다.

그러자 한 회원이 "맨발걷기가 아침에 일어나서 제일 먼저 하고 싶은 일이 되었음에 감사합니다!"라고 써서 올려주었다.

그렇다. 적어도 맨발걷기라는 이 경이로운 친구가 있는 한 우리는 외롭지 않고, 좌절할 수 없다. 그 기쁨이, 그 치유와 힐링의 무한히 샘솟는 에너지가 우리를 상호 간에 공감하고 연대하게 해 줄뿐만 아니라, 새로운 힘과 용기로 매일 새롭게 무장시켜 주기 때문이다.

우리는 각자 시간은 다르지만 새벽부터 맨발걷기로 시작하여 저녁의 불빛에서 맨발걷기로 하루를 멋지게 마무리한다. 우리 모두 희망의 에너지가 충만한 생산적인 하루하루를 엮어가고 있는 것이다. 그래서 숲길 맨발걷기는 정녕 한없는 긍정이자 희망이다.

눈물나게 감사하고, 긍정하는, 행복한 삶

영국인 36세 샬롯 키틀리는 두 아이의 엄마이다. 말기 대장암이 간과 폐에 전이되어 생을 마감하는 순간에 "눈물이 나도록 살아라"라는 마지막 글을 블로그에 올렸다. 삶에 대한 마지막 불꽃같은 의지와 이제 막 죽음을 앞둔 사람의 생명에 대한 간절함이 절절히 녹아 있는 글이다.

애초 선고된 삶의 시한보다도 12개월 여분의 삶을 더 살면서 그 감사함에 행복해하고 또 가족과 매일 매일 부대끼며 평소 같았으면 귀찮고 힘들어했을 일까지도 삶의 행복으로 느끼게 하는 순간, 순간이 애절하게 녹아 있는 글이다.

그녀의 글을 읽으면서 오늘도 건강하게 사는, 날마다 숲길 맨발걷기를 통해 감사의 삶, 긍정의 삶, 행복의 삶을 선물처럼 듬뿍 받으며 사는 우리 모두를 다시 한번 뒤돌아보았다. 숲길을 맨발로 이렇게 건강하게 걸을 수 있다는 것이 얼마나 큰 기쁨인지, 또 얼마나 큰 치유와 힐링의 기적인지 새삼 뒤돌아보는 계기가 된 것이다.

특히, 우리가 매일 숲길을 맨발로 걸으면 마법 같은 치유의 길이 열린다는 사실을 우리는 「맨발걷기 숲길 힐링스쿨」 회원들의 수많은 치유의 증언을 통해 익히 알고 있다. 그중에서도 지난번 유튜브에 〈맨발걷기 치유 사례 9〉 제하의 동영상으로 올린 조옥순씨의 눈물의 증언은 여전히 우리의 가슴을 뭉클하게 한다. 불과 3주 정도의 지압 보도 맨발걷기로 왼쪽 몸의 마비가 풀리고 왼쪽 발을 쾅쾅 힘차게 땅을 차는 모습에서, 숲길을 맨발로 걷는 우리에게도 매일매일 그러한 치유의 변화가 알게 모르게 일어나고 있다는 기적을 확인할 수 있었기 때문이다.

숲길 맨발걷기의 그 치유의 마법 같은 기적은 아픈 사람에게뿐만 아니라 일상에서 정상적인 삶을 사는 우리 모두에게도 찾아온다. 우리의 모든 신체 부위에 기적 같은 치유의 변화를 가져다주는 것이다. 비록 우리 자신이 인지하지는 못한다 할지라도….

그래서 숲길을 맨발로 걷는 우리는 우리 스스로 모두 건강한 삶을 영위해 나갈 것으로 확신한다. 앞으로 다가올 노년의 삶에서 우리 자신의 신체적·정신적 건강에 대한 확신도 가질 수 있다. 그래서 숲길을 맨발로 걷는 길은 눈물 나게 감사하고, 긍정하는 행복한 길이 된다.

그리고 한 걸음 더 나아가 그러한 치유의 기적이 숲길을 걷는 우리에게만 일어나고 있음을 안타깝게 생각한다. 그래서 주변의 맨발걷기의 기적을 모르는 분들께 알리고 전파해야 한다는 소명의식이 싹트게 된다. 따뜻한 인간애와 이타행의 발로이다.

촉촉한 감성과 관능의 미학

겨울철답지 않게 종일 봄비처럼 촉촉이 비가 내렸다. 한 회원은 물 고인 산길 후미진 길을 걷는 즐거움을 올려주었다. 또 다른 한 회원은 "안개가 자욱한 산에 빗방울 소리 들으며 오롯이 혼자서 맨발로 걷는 시간이 너무나 감사합니다."라고 써서 올렸다.

빗속 맨발 산행의 묘미에 관해 박창식(남, 65세) 회원도 글을 올렸다.

"대모산 맨발 산행을 빗속에서 완주할 수 있었던 것은 비가 주는 행복 때문입니다. 촉촉한 대지가 어머니 가슴 같은 부드러운 촉감을 가져왔지요. 처음부터 이 코스를 다 걸으려는 생각은 없었는데 걷다 보니 너무 편안한 산행이 되어 나도 모르게 평소 등산화 신고 다니던 A 코스를 다 밟은 겁니다. 마라톤으로 치면 전 구간을 완주한 그런 느낌입니다." 그리고는 "아, 또 비 오기를 기다리며 오늘도 일기예보를 본다."고 하였다.

이 얼마나 멋진 시적 표현인가? 마치 고 유치환 시인이 그의 시「행복」에서 "사랑하는 것은 / 사랑을 받느니보다 행복하니라 / 오늘도 나는 / 에메랄드빛 하늘이 환히 내다뵈는 / 우체국 창문 앞에 와서 너에게 편지를 쓴다(중략)"와 같은 형식과 감성의 서술이다.

위와 같은 감상을 올린 회원들은 모두 맨발로 숲길을 걷는 그 감성과 미학에서 이미 한 경지에 오른 것이나 다름없다.

저자가 한창 젊었을 때 윈드서핑의 매력에 빠진 일이 있었다. 서핑보드에 올라서서 돛을 잡고 바람을 타고 한강을 가로지를 때의 그 속도감과 신나는 느낌은 필설로 형언할 수 없었다. 서핑을 하며 강물 위를 미끄러지면 노래와 휘파람이 절로 나오는 행복을 느끼곤 하였다. 바람만 불면 한강으로 달려나가야 했음은 그 다음의 자연스러운 결과였다. 그러다 보니 아침에 잠자리에서 일어나면, 우선 창밖으로 손을 쑥 내밀고 바람이 부나 안 부나 가늠하곤 했었다. 바람이 불면 바로 한강으로 달려나가기 위함이었다.

숲길 맨발걷기를 한 이후부터는 이제 비가 오나, 안 오나 일기예보를 매일 검색하고 있다. 특히, 「맨발걷기 숲길 힐링스쿨」회원들이 행복한 맨발 산행을 할 수 있도록 꼭 토요일 전에는 비를 내려 주십사 기도한다. 물론, 날씨가 더울 때는 아무 때고 비를 부르고 있다. 그리고 비가 내리면, 바로 숲으로 달려가곤 한다.

사실 비가 내린 후 숲길을 맨발로 걷는 것은 비교할 수 없는 기쁨을 준다. 비로 젖은 땅은 우리에게 적당히 시원함을 선사하고, 빗물에 씻긴 땅은 모래들이 송골송골 드러나 맨발과의 접촉을 훨씬 더 명징하게 느끼게 해 준다. 거기에다 또 다른 기쁨은 평소에 없던 작은 개울물을 숲길에서 만날 수 있다는 것이다. 숲길에 빗물이 모여 개울이 되어 흐르고, 그 개울물을 시원스럽게 맨발로 걸을 수 있음은 또 다른 축복이다. 비 온 뒤 숲길을 맨발로 걷는 즐거움은 그렇게 유쾌한 쾌감이기도 하고 또 관능의 즐거움이기도 하다. 비에 젖은 나뭇잎이 수북이 쌓인 숲길을 맨발로 밟고, 물기를 머금은 부드러운 숲길을 맨발로 걷는 것은 마치 샤워하고 홑이불로 몸을 감고 뒹구는 것과 같은 그러한 생생하고 질박한 쾌감을 가져다준다.

다비드 르 부르통도 그의 산문집 "걷기 예찬"에서 "걷기는 세계를 느끼는 관능에로의 초대다. 걷는다는 것은 세계를 온전하게 경험한다는 것이다."라고 하였다. 그래서 비가 올 때, 또는 그 직후의 숲길 맨발걷기는 기쁨이고 행복이고 관능의 미학이다. 우리에게

빗속 숲길 맨발걷기의 감성을 온전하게 경험하게 할 뿐만 아니라
행복의 극치를 선사해주기 때문이다.

걷기는 세계를 느끼는 관능에로의 초대다.
걷는다는 것은 세계를 온전하게 경험한다는 것이다.

다비드 르 부르통의 《걷기예찬》 중에서

NATURAL REFLEXOLOGY

| 제 6 장 |

맨발걷기의
7가지 걸음 형태와 바른 자세

01 맨발걷기의 7가지 걸음 형태 | 02 맨발걷기의 바른 자세

맨발걷기의 7가지
걸음 형태와 바른 자세

맨발걷기의
7가지 걸음 형태

두꺼비처럼 걷기

우리가 숲길을 맨발로 걷는 일곱 가지 걸음 중 첫 번째 걸음이 두꺼비처럼 걷는 걸음이다. 답답했던 신발을 벗어 던지고 맨발로 어머니 대지를 밟고 서는 첫 번째 걸음이다.

두꺼비처럼 걷는 걸음은 우선 온몸에 힘을 다 빼고 또 양어깨를 무겁게 누르고 있던 스트레스와 고뇌를 다 내려놓고 어머니 대지로 침잠해 들어가는 그러한 걸음이다.

맨발 발바닥으로 어머니 대지를 어루만지고 느끼면서 부드럽게 부드럽게 천천히 걷는 그러한 걸음이다. 마치 두꺼비가 땅에 딱 붙어서 천천히 움직이듯 그렇게 걸으며 어머니 대지를 느낀다. 그리고 그 어머니 대지와 합일되는 나 자신을 인지한다. 그리고 나 자신의 실존으로 천착한다. 달리 표현하면, 나 자신의 내면의 실상과 대면하는 그런 명상의 걸음이다.

두꺼비 걸음을 걸으면, 두꺼비처럼 마음이 편안해진다. 그리고 마음이 평화로워진다. 그것이 바로 두꺼비처럼 걷는 첫 번째 맨발 걷기의 의미이다.

생리적으로는 이 첫 번째 걸음을 통해서 몸의 전압이 3~6볼트에서 0볼트로 떨어진다. 몸속의 모든 활성산소가 발바닥과 대지의 접촉을 통하여 땅속으로 조용히 완전히 소멸한다. 그리고 몸이 깨끗해진다. 혈관도 깨끗해진다.

동시에 딱딱한 신발의 밑창이나 구두의 뒷굽으로 인해서 발걸음을 떼어 놓을 때마다 충격이 왔던 발뒤꿈치와 무릎, 고관절, 요추, 척추, 경추 등 관절 주변의 모든 근육의 충격을 완화하고 소멸한다. 이 첫 번째 걸음을 통해 모든 근골격계에 주어졌던 충격과 근육의 경직화 현상이 완화된다. 한마디로 모든 몸의 관절을 싸고 있는 근육이 말랑말랑해지는 것이다. 따라서 경직된 근육들에 의해 눌려 있던 신경이 제대로 작동하고, 모든 근골격계 통증의 치유가 시작되는 것이다.

결국 첫 번째 걸음인 두꺼비 걸음은 발바닥 밑쪽의 통증인 족저근막염과 무릎관절 연골의 문제들로 비롯된 퇴행성관절염의 통증, 고관절의 통증, 척추관협착증의 통증 등 모든 근골격계의 통증들을 소멸하고 완화하는 걸음이다.

앞서 김명애(여, 61세) 회원이 증언한 족저근막염의 치유는 그렇게 해서, 즉, 신발을 벗고 맨발로 걷는 두꺼비처럼 걷기에서부터 이루어진 것이다. 그리고 이용자(여, 62세) 회원이 증언한 무릎관절의 통증 치유 역시 신발을 벗고 두꺼비 걸음을 걸었기 때문에 무릎관절의 통증도 사라진 것이다. 또, 정연순(여, 72세) 회원이 증언한 척추관협착증 및 척추전방전위증의 통증도 맨발의 이 두꺼비 걸음으로 인해서 치유되었다. 그리고 얼마 전 김명애 회원 남편의 친구가 고관절의 통증으로 수술 날짜까지 잡아 놓았다가 그녀의 권유로 맨발로 걷기 시작한 지 한 달 만에 그 고관절의 통증까지 사라져 수술을 취소했다는 기쁜 이야기를 전해 준 적이 있다. 그 경우 역시 두꺼비처럼 걷는 맨발걷기의 효과에서 비롯되었다고 할 수 있다.

맨발과 대지의 접촉과 동시에 딱딱한 신발의 뒤축이나 구두의 뒤축으로부터 발생하였던 충격과 경직화 현상을 해소함으로써, 관련 근골격계의 통증들이 하나같이 완화되고 치유된 것이다. 앞서 서술한 바 있는 부산의 정형외과 의사 황윤권 원장의 주장과도 일치하는 현상들이다.

결국, 숲길 맨발걷기의 첫 번째 걸음인 '두꺼비처럼 걷기'는 나 자신의 실존에 천착하는 명상의 걸음임과 동시에 몸속의 활성산소를 다 내보내는 걸음이며 평소 구두, 등산화 등 신발을 신음으로써 충격을 받고, 경직화되었던 온몸 관절 주변의 근육을 부드럽고 말랑말랑하게 하여 근골격계의 통증을 완화하는 치유의 걸음이다.

황새처럼 걷기

숲길 맨발걷기의 두 번째 걸음인 '황새처럼 걷기'는 어깨를 쭉 펴고 바른 자세로 세상을 향해 당당히 나아가는 자신만만한 걸음이다.

숲길 맨발걷기의 첫 번째 걸음은 '두꺼비처럼 걷는 걸음'이었다. 맨발과 땅의 첫 접촉이기에 땅을 내려다보고 어머니 대지를 맨발로 어루만지며 그 촉촉한 느낌을 확인해 가는 그런 걸음이었다. 세상살이에서 오는 온갖 고뇌와 스트레스를 다 내려놓고 어머니 대지와 합일하여 그 품속으로 안기는 그러한 명상의 걸음이었다. 우리는 그를 통해 모든 번뇌를 다 내려놓았다.

그래서 이제는 세상을 향해 자신만만하게 나아갈 수 있다. 어깨를 쭉 펴고 바른 자세를 취하며, 대지를 향해 내렸던 시선은 하늘로 당당히 향하고, 어깨를 바로 펴고 세상을 향에 자신만만한 자세로 서는 것이다. 그리고 걷기 시작한다.

발뒤꿈치로부터, 발허리, 발샅, 발부리, 그리고 발가락 순으로 둥글게 둥글게 접지하면서 자신만만하게 걷는 걸음이다. 자연스럽게 팔을 앞뒤로 휘휘 내젓는다. 그것은 이제 세상에 대한 자신감 회복의 선언이 된다. 그래서 그 걸음은 어떠한 어려움이나 고뇌도 과감히 물리치고 당당하게 설 수 있는 그런 힘과 자신감 그리고 신념으로 충만한 그런 걸음이다.

황새처럼 걷기를 하면 누구나 당당한 자세, 원래 우리 인간이 창조된 그대로의 아름다운 균형미를 갖춘 걸음걸이의 모습이 된다. 심리적으로는 자신만만하게 세상을 향해 나아가며 포효하는 걸음이다. 설령 과거에 어떠한 어려움이나 마음의 상처, 돌이키기 힘든 상실감이 있었다 하더라도 이제는 세상을 향해 당당히 걸어 나가는 자신만만한 걸음이다.

이 황새처럼 걷는 걸음을 걷게 되면, 가슴을 쭉 펴고 균형 있는 아름다운 자세로 걷게 될 뿐만 아니라, 갑작스러운 사랑하는 가족의 죽음으로부터 비롯된 상실감으로부터도 자신감을 회복하는 걸음이 된다. 또, 여러 가지 세상의 부조리와 부당함에 억눌렸던 울화병까지도 극복할 수 있는 걸음이 된다.

그래서 황새처럼 걸을 때는 시선을 하늘로 향하고, 당당한 자세로, 균형 잡힌 아름다운 걸음을 걷는다. 그리고 동시에 부조리한 세상에 대한 분노를 해소하면서 주변 사람들과 세상에 대한 넉넉한 사랑과 포용으로 세상을 향해 여유롭게 나아가며 걷는다.

궁극에는 우리가 추구하는 긍정과 감사 그리고 행복으로 충만한 마음으로 세상을 향에 나가길 바라는 기대와 염원이 우리의 두 번째 걸음인 '황새처럼 걷기'에 실려 있다. 그래서 황새처럼 걷는 그런 아름다운 자세로 당당하게 걸으며 세상을 가득 가슴에 품는 그런 멋진 삶을 살아가기를 바라는 것이다.

그것이 바로 '황새처럼 걷기'에 담긴 의미이기도 하다.

까치발 걷기
....

맨발걷기의 세 번째 걸음은 발의 뒤꿈치를 들고 발부리와 발가락 부위로만 걷는 걸음이다. 마치 까치가 꼬리를 사뿐사뿐 위아래로 흔들며 걷는 그런 모습의 걸음이다.

까치는 오랜 옛날부터 우리에게는 반가운 소식을 전해주는 길조로 알려졌다. 그 생김이 단아하고 날렵하여 보기에도 아름다울 뿐만 아니라 날 밝은 아침, 집 앞 나뭇가지에 앉아 즐거운 소식을 전하는 듯 노래하기 때문이다.

아침에 까치가 울면 기쁜 손님이나 좋은 소식이 있다는 믿음도 그렇게 형성되어 왔다. 특히, 설날 아침에 들리는 까치 소리는 그해의 길운을 점치게 하는 소리로 여겨져 왔다. 까치는 그래서 삶에 대한 희망과 미래에 대한 즐거운 기대, 그것의 상징이 되었다.

까치발 걸음으로 걷게 되면 발부리와 발가락 부위에 집중하여 자극을 줄 수 있다. 몸의 무게 중심이 그곳으로 이동하기 때문이다. 즉, 평소의 걸음에서는 발가락 부위 쪽에 몸무게의 약 1/3의 지압이 가해지지만, 이 까치발 걷기에서는 몸무게 전체가 발가락 부위에 집중이 된다. 따라서 그만큼 발가락 부위에 지압효과가 극대화한다.

발부리와 발가락에는 우리의 머리, 눈과 귀 그리고 가슴에 해당하는 반사구들이 분포되어 있다. 그래서 까치발 걸음은 머리를 맑게 해 주고, 눈과 귀를 밝게 해 주는 걸음이다.

밤에 잠자기 전 숲길이나 운동장을 맨발로 걸으면서 까치발 걸음으로 1시간 정도 걸어보라. 평소보다 훨씬 더 숙면할 수 있다. 조금 과장해서 표현하면, 잠자면서 아예 기절해버릴 정도로 숙면한다. 그것은 까치발 걸음을 통해서 머리 쪽으로 혈류가 왕성하게 흘러 뇌의 기능이 활성화하고 숙면효과를 가져오는 것이다.

전에 김명애(여, 61세) 회원이 만성두통으로 뇌수술까지 받고도 두통이 가시질 않아 진통제를 처음 2알에서 19알까지 늘려 심각한 후유증으로 고통받았는데, 「맨발걷기 숲길 힐링스쿨」에서 맨발로 걷기 시작하면서 매일 대모산을 맨발로 걸은 지 2달 만에 오랜 만성두통이 사라졌다고 증언하였다. 그러한 만성두통의 치유는 이러한 '까치발 걷기'의 덕분이었다.

또, 앞서 서옥순(여, 66세) 회원이 맨발로 걷고 난 후 한 달쯤 되었을 때 그동안 항상 눈이 뻑뻑하여 계속해서 눈물약을 눈에 넣고 살아왔는데, 맨발로 걸은 이후 눈물 약을 넣을 필요가 없어졌다는 증언을 한 적이 있다. 바로 이 역시 '까치발 걷기'의 효과이다. 또한, 전계숙(여, 62세) 회원의 경우 이석증으로 고통스러워하였는데, 그녀 역시 까치발 걸음을 통해서 귓속 평형기관 등에 혈액이 왕성하게 공급됨으로써 이석증의 증상이 해소되었다.

그런 면에서 만성두통이나 안구건조증, 이석증 등으로 고생하는 사람은 숲길을 맨발로 걸을 때 종종 까치발 걸음으로 걸으면 관련 치유 효과를 좀 더 빨리 볼 수 있다. 불면증을 앓고 있거나 숙면에 어려움을 느끼고 있는 사람도 '까치발 걷기'를 자주 하는 것이 좋겠다.

'까치발 걷기'는 또 사타구니의 근육과 허리의 힘을 강화해 주는 작용을 한다. 발가락으로 설 때 발생하는 힘의 부하와 근육의 작용은 바로 허벅지와 사타구니를 통해 곧바로 척추와 연결된다. 그래서 우리 옛말에 남자들이 오줌을 눌 때 까치발을 하면 정력이 왕성해진다는 말이 있다. 여성들의 경우에는 이 까치발 걸음이 발목과 종아리 근육을 긴장시켜 예쁜 다리를 만드는 데도 도움을 준다.

맨발걷기의 세 번째인 이 '까치발 걷기' 걸음은 이렇게 다양한 효용을 가진 걸음이다. 우리의 머리와 눈과 귀를 맑게 하는 자정의 걸음이고, 거기에다 남녀 모두에게 젊음과 자신감을 되찾게 하는 활력의 걸음이다.

사뿐사뿐, 낭창낭창, 그렇게 까치발 걸음을 해 보라. 그렇게 맨발로 까치가 되어 보라. 잠시라도 맨발의 까치발로 걸으며 머리와 눈, 귀, 가슴을 맑게 하고 젊음과 활력을 되찾게 하는 자정의 걸음, 활력의 걸음을 걸어 보기 바란다.

잇몸을 우물거리듯 걷기

앞서 이야기한 '까치발 걸음'은 발뒤꿈치를 들고 발부리와 발가락 부위로만 걷는 걸음으로 발가락 끝과 발부리에 산재한 머리와 눈과 귀 그리고 가슴에 해당하는 반사구의 지압효과를 극대화하는 걸음이었지만, '잇몸을 우물거리듯 걷기'는 발가락을 완전히 하늘로 쳐들고, 즉, 발가락은 만세를 부르는 상태에서 오로지 발바닥 중앙부위인 발허리로만 걸어, 발바닥 중앙에 지압효과가 극대화하는 걸음이다. 즉, 걸음의 추진력이 다른 걸음들처럼 발가락이 접지하면서 대지를 끌어당겨 얻는 것이 아니라 발바닥의 발허리와 발부리 천장 부분이 대지를 잇몸으로 우물거리듯 한 모습으로 구르면서 얻게 되는 그러한 걸음이다.

이 걸음으로 발바닥과 대지가 좀 더 생생하게, 좀 더 적나라하게 서로를 마찰하고 지압한다. 땅바닥에 산재한 조그만 모래, 자갈, 나뭇가지 하나하나가 발바닥의 반사 부위를 집중적으로 자극하기 때문에, 이 걸음은 발 지압의 관점에서 보면 맨발걷기 중 가장 완벽한 발바닥의 지압을 실현하는 걸음이다. 다른 걸음들에서는 발가락이 걸음의 추동력을 얻게 하지만 '잇몸을 우물거리듯 걷기'에서는 발바닥의 천정과 발부리 부분이 대지와 마찰하면서 걸음의 추진력을 얻게 한다.

발바닥의 중앙에는 온몸에 연결된 주요 장기의 지압점들이 분포되어 있다. 심장, 폐, 간, 췌장, 위까지 모든 주요 장기가 발바닥 중앙에 다 분포된 것이다. 따라서 이번 네 번째 걸음인 '잇몸을 우물거리듯 걷는 걸음'을 걷게 되면 동 주요 장기에 혈액을 왕성하게 공급하고 동 장기들이 활발하게 기능하도록 촉진하는 걸음이다.

그래서 잇몸을 우물거리듯 걷기를 하면 심장의 기능이 활성화하고, 폐나 간, 췌장, 위 등의 기능 역시 활성화한다. 따라서 관련 심혈관질환이나 폐암, 간암, 췌장암, 위암 등을 예방하거나, 설령 해당 질병들에 감염이 되어 있다 하더라도 스스로 치유하는 그런 걸음이다.

따라서 이 잇몸을 '우물거리듯 걷는 걸음'은 우리 몸의 주요 장기들을 무서운 질병으로부터 지키고 방어하는 매우 중요한 걸음이다. 발바닥 중앙부를 대지에 밀착하고 그 지압효과를 극대화함으로써, 대지로부터 그 기운을 오롯이 받아들일 뿐만 아니라 강력한 지압을 통해 각 장기에 강력하게 혈액을 공급함으로써 기능을 활성화하는 그런 중요한 걸음이다.

서옥순(여, 66세) 회원의 심방세동 질환이 맨발로 걸은 지, 불과 한 달여 만에 그 증세가 개선된 이유는 바로 이러한 '잇몸을 우물거리듯 걷는 걸음'의 심장 쪽 치유 효과라 하겠다. 또 최순례(여, 61세) 회원의 유방암 치유 역시 이러한 '잇몸을 우물거리듯 걷는 걸음'의 가슴 쪽 치유 효과이다. 그리고 조병목(남, 71세) 회원의 중증 당뇨병의 치유와 동시에 갑상선 암이 치유된 사실 역시 이러한 '잇몸을 우물거리듯 걷기'의 치유 효과라 하겠다.

따라서 숲길에서 이렇게 '잇몸을 우물거리듯 걷기'를 하면 위 사례들처럼 심장의 기능이 강화되어 관련 심혈관질환을 치유하고, 유방암을 치유하고, 당뇨병이나 갑상선 암도 치유한다 그렇게 생각하면서 걸으면 좋겠다. 또, 혹시 간암이나 간 경화 또는 간염 증세를 보이는 분이 맨발로 숲길을 '잇몸을 우물거리듯 걷는 걸음'으로 걷는다면 똑같이 그런 질환도 치유되는 효과가 주어질 것이다. 이는 저자가 2001년 맨발로 걷게 된 것이 바로 간암 말기의 청계산 이주선 씨가 한 달의 여생을 선고받은 후, 청계산을 맨발로 걸어 간이 재생하여 완전한 건강을 되찾았던 사례로부터 비롯되었기 때문이다.

숲길을 맨발로 걸을 때 이렇게 '잇몸을 우물거리듯 걷는 걸음'을 걸어보시라. 그러면 여러분들의 제일 중요한 장기인 심장, 폐, 간, 췌장이나 위장 등 모든 주요 장기가 활발하게 작동하는 것을 느끼게 될 것이다. 그리고 혹시 관련 장기에 암 등 심각한 질환들이 있다 하더라도 이른 시일 안에 치유될 것으로 믿어진다. 바로 위 서옥순 씨, 최순례 씨, 조병목 씨 그리고 청계산 이주선 씨의 치유 사례들이 그를 보여준다.

'잇몸을 우물거리듯 걷기'는 몸의 주요 장기에 해당하는 모든 부위의 암이나 질환들을 다 치유하는 걸음이다. 발가락 끝을 하늘로 높이 쳐들고, 발바닥으로 땅을 잇몸을 우물거리듯 강하게 지압하며, 그를 느끼며 천천히 걸어보시라. 그렇게 잇몸을 우물거리듯 걸으면, 심장, 폐, 간, 췌장, 위장 등 몸속의 주요 장기들이 치유되어 건강하게 작동하는 건강의 걸음, 치유의 걸음이 될 것이다.

주걱을 엎어 놓은 듯 걷기

맨발로 걷는 다섯 번째 걸음은 '주걱을 엎어 놓은 듯 걷는 걸음'

이다.

발가락 전체를 다 오므려 다섯 발가락이 동시에 땅을 디디며 뒤로 밀듯 걷는 모습이 마치 주걱을 엎어 놓은 듯 보이는 걸음이다. 발뒤꿈치와 오므려진 발가락 끝이 땅을 부여잡고 발허리, 발샅, 발부리 등은 아치처럼 둥글게 휘어져 걷는 그런 걸음이다.

이제까지의 걸음들이 발뒤꿈치로부터 발허리, 발샅, 발부리, 발가락에 이르기까지 뒤에서 앞으로 차례로 힘의 배분이 이루어져 왔고, 무게 중심이 위에서 아래로, 뒤에서 앞으로 자연스럽게 이동되는 순(順)의 걸음이었음에 비해, '주걱을 엎어 놓은 듯 걷는 걸음'은 그 힘의 배분이 발가락으로부터 거꾸로 뒤로 작동하게 되는 역순의 걸음이다. 즉, 걸음의 동작과 힘의 배분이 앞에서 뒤로, 아래에서 위로 이루어지는 역(逆)의 걸음인 것이다.

시냇물도 너무 고요하게만 흐르면, 그 바닥에 이끼가 끼듯이 우리 몸의 기(氣)나 혈관, 혈액도 마찬가지이다. 물이 바위와 부딪혀 소용돌이를 만들고 그 과정에서 산소를 얻듯이 기나 혈액의 흐름에도 역방향의 자극이 필요하다.

그런 면에서 '주걱을 엎어 놓은 듯 걷기'는 기의 흐름을 일시적으로 바꿔 신선한 충격을 주게 된다. 또한, 혈액의 흐름에도 역으로 작용해 혈관 속에 찌꺼기가 끼는 것을 사전에 차단하는 효과를 준다. 또한, 발바닥과 발가락의 모든 관절도 일상의 움직임과는 다른 힘을 받음으로써 오히려 그 안에 쌓여 있던 피로감을 푼다.

초등학교 시절 조회시간에 교장 선생님의 훈화가 길어지는 등

땡볕에 오래 서 있어서 몸과 발에 극도의 피로감을 느낀 경험이 있을 것이다. 이럴 때 신발 안에서 발가락을 오므린 상태에서 발가락 끝에 힘을 모으고 서 있었던 경험이 있었을 것이다. 여기서 말하는 주걱을 엎어 놓은 듯 걷는 걸음과 같은 자세이다. 그렇게 하면 오래 서 있음으로 인해 몰려오던 몸과 마음의 피로가 일순 걷히는 상쾌함을 느낀다. 그리고 몸 전체가 더욱 견고한 모습으로 서게 되는 것을 느꼈을 것이다.

우리의 다섯 번째 걸음은 바로 그런 효과를 맨발걷기와 자연스럽게 연결하는 걸음이다.

지압효과의 측면에서 보면 발가락 끝의 반사점들은 뇌의 상층부와 눈, 코, 귀 등에 직접 연결되어 있어서 두뇌의 활동, 눈의 활동, 귀의 기능을 활성화할 수 있는 걸음이다. 즉, 다섯 번째 걸음을 걸으면, 두통이 가시게 되는 효과는 물론 눈도 밝아지고, 귀의 기능도 조화롭게 되는 그런 걸음이다. 이 걷기는 두통을 해소하고, 뇌졸중이 치유되고, 눈물샘이 정상적으로 작동하고, 또, 이석증 등도 치유되는 그러한 걸음이다.

그러나 이 다섯 번째 걸음은 앞에 제시한 네 가지 걸음들을 다 걸은 후 행하는 보충의 걸음이다. 기초가 잘 다져져야 건물이 흔들리지 않는 것처럼 걸음도 기본적인 것에서부터 차근차근 밟아가야 한다. 아울러 이 주걱을 엎어 놓은 듯 걷는 걸음은 기와 혈액의 흐름이 고정되어 피로감이 나타날 때 그를 뒤집는 반전요법의 하나로 이용하면 좋다. 이렇게 다섯 번째 '주걱을 엎어 놓은 듯 걷기'는 뇌와 눈, 귀 등의 기능을 밝고 깨끗하게 함과 동시에 역의 묘미, 반의 쾌감과 같은 그러한 아름다움과 효용성을 선사해주는 걸음이다.

스탬프를 찍듯이 걷기

맨발로 걷는 여섯 번째 걸음은 '스탬프를 찍듯이 걷는 걸음'이다. 발바닥 전체로 지구와 대지를 어루만지고 마치 스탬프를 찍듯이 걷는 걸음 자세이다.

종일 여러 가지 일로 바빠, 맨발걷기를 못한 날 저녁에는 모든 일을 다 마치고, 집 옆 숲길로 달려 나간다. 그리고 오랫동안 못 만났던 애인을 대하듯 대지를, 숲길을 맨발바닥으로 마음껏 어루만진다. 이럴 때 하는 '스탬프를 찍듯이 걷는 걸음'은 우리의 발바닥 전체와 발가락을 부챗살처럼 펴 엄지와 검지, 중지 등의 순서로 끌어당기며 숲길과 지구를 어루만지고 사랑하는 그런 걸음이다.

실제 '스탬프를 찍듯 걷기'는, 걷는 모습 자체로는 2번째 걸음인 황새처럼 걷기와 유사하다. 그러나 황새처럼 걷는 걸음의 경우에는 발바닥 전체가 동시에 땅을 디디지는 않는다. 발뒤꿈치부터 발허리, 발가락 끝까지 둥글게 접지하기 때문에 뒤꿈치가 접지하면 발가락은 하늘을 향하고 있고, 마지막에 발가락을 접지하면 발뒤꿈치는 들려지는 그런 걸음이었다. 그러나 이 스탬프를 찍듯

걷기는 발뒤꿈치와 발허리, 발가락까지 모두 동시에 대지를 딛는다. 그리고 대지를 발바닥으로 어루만진다. 그리고 발가락의 엄지, 검지, 중지의 순서로 땅을 끌어당기면서 걸음의 추동력을 얻는 그러한 걸음이다.

이 걸음의 명칭을 '스탬프를 찍듯이 걷기'로 명명한 것은 틱낫한 스님이 걷기 명상을 할 때는 발로 스탬프를 찍듯이 대지를 꾹꾹 눌러 가면서, 이 아름다운 지구를 음미하면서 걸으라고 말씀하신 바와 같다. 그것은 나의 존재, 나의 실존에 대해 끊임없이 인지하는 그런 깨어있음, 영어로는 '마인드 풀니스'(mind fullness)를 실천하는 것이 바로 걷기 명상이라고 말씀하신바 바로 그것이다.

'스탬프를 찍듯이 걷는 걸음'은 발바닥을 땅에 밀착시키면서 동시에 앞의 발가락들이 엄지, 검지, 중지 순으로 차례로 대지를 끌어당기는 그런 걸음이 되겠다. 그렇게 함으로써, 지압의 측면에서 보면, 발뒤꿈치와 발바닥의 지압효과는 물론 앞쪽에 있는 발가락에까지 지압효과가 고루 작용함으로써, 온몸의 장기는 물론 머리, 눈, 코, 귀 등의 지압효과를 강화함으로써 해당 부분의 혈류를 강화하고 그 기능을 활성화하는 걸음이다.

따라서 '스탬프를 찍듯이 걷는 걸음'은 자신의 실존에 천착하는 명상의 걸음임과 동시에 우리의 몸속 각 장기는 물론 머리 부분에 해당하는 뇌와 눈, 코, 귀 등 모든 기관이 활발하게 작동하는 효용성이 뛰어난 걸음이다. 아울러 '스탬프를 찍듯이 걷는 걸음'을 걸으면 나 자신의 존재에 대한 뚜렷한 인식은 물론 동시에 내가 사는 이 지구를 발바닥으로 어루만지고 사랑하는 그런 걸음이 된다.

또한, 스탬프를 찍듯이 걷는 걸음을 걷게 되면, 발바닥의 아치가 양쪽으로 견고한 균형을 이루면서 우리의 자세를 균형 있게 받쳐주는 그런 걸음이다. 그것은 흐트러진 몸의 자세로 인해 뒤틀려진 무릎, 요추, 척추, 경추 등 그런 관절들의 위치까지 정확하게 바른 위치를 되찾도록 하는 걸음이다. 동시에 발바닥과 발가락으로 추동력을 얻기 때문에 몸 전체에 위로 전달하는 탄력 자체가 부드럽고 자연스럽다. 따라서 신발을 신고 걸을 때 딱딱한 고무 밑창으로 인해 주어졌던 근골격계의 충격이나 경직화 현상이 이 스탬프를 찍듯 걸음을 걸으면 완화되고, 더 나아가 근골격계를 싸고 있는 근육들이 말랑말랑해지는 효과를 가져온다.

이는 바로 김명애(여, 61세) 씨의 족저근막염이 치유된 이유이자 이용자(여, 62세) 씨의 무릎연골 통증이 치유된 이유였다. 또한, 정연순(여, 72세) 씨의 척추관협착증이 치유된 이유이기도 하다.

스탬프를 찍듯이 걷기는 몸의 자세를 양발의 아치를 중심으로 굳건히 그리고 균형 있게 구축되도록 해줌과 동시에 근골격계를 싸고 있는 모든 근육을 자연 그대로 말랑말랑한 모습으로 변화시킨다. 참으로 많은 효용을 가진 그런 걸음이다. 어떻게 보면 앞에서 서술한 다섯 가지 걸음의 효과들이 집약되는 최고의 걸음걸이 형태가 되겠다.

따라서 이 스탬프를 찍듯이 걷기는 앞에서 이야기한 다섯 가지의 두꺼비처럼 걷기, 황새처럼 걷기, 까치발로 걷기, 잇몸을 우물거리듯 걷기, 주걱을 엎은 듯이 걷기의 걸음들을 다 걸어 보고 난다음 마지막으로 발뒤축부터 발바닥 전체와 발가락으로 땅을 어루만짐과 동시에 땅을 끌어당기면서 추동력을 얻는 그런 걸음으로 마무리를 하면 좋겠다.

결국, 이 걸음은 나 자신의 실존에 충실해지는 명상의 걸음임과 동시에 사랑하는 지구를 어루만지고 쓰다듬는 그런 멋진 걸음이다. 그리고 동시에 몸속 장기는 물론 머리, 눈, 코, 귀 등에 대한 지압효과를 극대화하는 그런 걸음이다.

가재처럼 뒤로 걷기

맨발로 걷는 마지막 일곱 번째 걸음은 '가재처럼 뒤로 걷기'이다. 이 걸음은 걷는 모습이 마치 가재가 뒤로 기어가는 것과 닮았다. 또한, 뒤로 걷는다는 면에서 앞의 여섯 가지 걸음과 전혀 다른 형태의 걸음이고 그 느낌과 효과 등에서도 현저한 차이가 있다.

뒤로 걷는 걸음은 발바닥 각 부위의 착지 순서가 두 번째 걸음인 황새처럼 걷는 걸음과 정반대의 순서로 이루어진다. 황새처럼 걷는 걸음의 경우는 발뒤꿈치로부터, 발허리, 발샅, 발부리 그리고 발가락의 순서로 둥글게 접지되었지만, 가재처럼 뒤로 걷는 걸음은 이와 역순으로 둥글게 접지되는 것이다. 평소에 행하지 않는 걸음이라 조금은 부자연스럽지만, 후진을 통해 색다른 즐거움을 얻을 수 있는 걸음이다.

앞으로 걸을 때와는 달리 뒤로 걸으면 숲길 양옆의 나무들이 마치 파노라마처럼 양쪽 눈을 스쳐 지나가는 기분을 느끼게 된다. 역방향의 좌석에 앉아 여행할 때 차창 밖으로 지나는 풍경을 대하는 것과 같다. 뒤로 걷기의 재미와 운치가 여기에 있다.

지나온 숲길을 뒤돌아보며 걸으면 과거의 삶을 다시 한번 반추해 보게 한다. 천천히 뒤로 걸으며 그 여유와 멋을 즐겨보시라.

그러나 뒤로 걸으면 발이 자칫 엉뚱한 곳에 빠지거나 장애물에 부딪힐 수 있으므로 뒤에 놓인 길의 상황을 잘 살펴 걸어야 한다. 부부나 사랑하는 사람과 같이 걷는 등 동행이 있으면 손을 잡고 한 사람은 앞을 보며 길을 인도하면서 교대로 뒤로 걷기를 하는 것이 가장 좋은 방법이다. 길을 걷는 동안 동행자와 손을 잡고 걷는 따뜻한 정의 교감과 연대는 또 다른 수확이 될 것이다.

또한 '가재처럼 뒤로 걷기'는 앞으로 걷는 걸음들보다 더 많은 운동량을 가져온다. 발과 장딴지 등에 전해지는 힘의 방향이 통상의 걸음과 정반대로 작용하기 때문에 평소에 쓰지 않던 근육을 사용하여 근육 발달의 불균형을 막아 준다.

스포츠의학 전문의 조성현 박사는 그의 《워킹 다이어트법》에서 뒤로 걷기는 앞으로 걷는 걸음보다 3배 정도 운동량이 많다고 한다. 뒤로 걷기를 10분간 했을 때와 앞으로 걷기를 30분간 했을 때의 체온상승과 뇌파 변화가 거의 같다는 것이다. 그래서 뒤로 걷는 걸음은 좁은 공간에서 걷는 사람들이나 하루에 많은 시간을 걷기운동에 투자할 수 없는 사람들에게 권하는 걸음이다.

일본의 의학박사 오오누마 아끼다가도 《건강 365일》이란 책에서 '뒤로 걷기 백 보는 앞으로 걷기 만 보'라고 쓰고 있으니 뒤로 걷기의 탁월한 운동 효과는 관련 학자들에게 이미 공인된 사실이다.

뒤로 걷기, 즉, '가재처럼 걷는 걸음'은 탁월한 운동량과 효과를 갖지만 진행되는 양상을 보면 느림의 걸음, 여유의 걸음, 관조의 걸음이다. 앞의 여러 걸음이 각기 그 자체의 의미와 지압효과 등 추구하는 바에 따라 나름대로 긴장도와 치열함을 갖고 있지만, 뒤로 걷기는 그것들을 다 내려놓고 뒤를 돌아보게 하는 휴식의 걸음이다. 지나온 삶을 반추하게 하는 관조의 걸음이다. 그리고 동행자와 함께 따뜻한 정을 나눌 수 있는 연대와 교감의 걸음이기도 하다.

천천히 뒤로 걷노라면 파노라마처럼 스쳐 지나가는 나무들이 손을 흔들어 인사한다. 그리고 어머니 대지가 문득 일어나 앉아 뒤에서 맨발로 걷는 나를 한 번 꼭 안아 주실 것만 같은 그러한 걸음이다.

맨발걷기의 바른 자세

정자세의 바른 걷기를 구현한다

숲길 맨발걷기는 근골격계 전체가 똑바로 서서 정자세로 걷는 아름다운 걷기 자세를 지향한다. 우리가 걸을 때 정자세로 똑바로 걷느냐, 아니면 구부정한 자세로 걷느냐, 또, 발바닥을 또박또박 떼어 놓으면서 걷느냐, 아니면 팔자걸음으로 어기적어기적 걷느냐에 따라서 몸의 체형이나 균형 자체가 완전히 달라진다.

조물주는 우리 인간을 창조하셨을 때, 맨발로 걸으며 정자세로 똑바로 걷는 모습을 전제로 모든 몸의 근골격계와 그 안에 분포한 각종 근육과 신경계들이 작동하도록 설계하셨다. 따라서 그러한 균형된 자세를 잃을 경우, 몸의 각종 근육과 신경계통의 작동 역시 잘못 작용하거나 정상궤도를 이탈할 개연성이 높다.

그러면 어떠한 자세가 정자세라고 할 것인가? 통상은 아프리카 마사이족의 걸음이 정자세로 알려져 있다. 발의 뒤꿈치를 먼저 땅에 딛고 다음 발바닥을 둥글게 접지한 후 발가락에서 마지막 추동력을 확보하는 걸음 형태이다. 그렇게 발뒤꿈치부터 접지하게 되면, 허리를 똑바로 받치고 몸을 바르게 세워주는 효과가 있다는 점에서 마사이족의 걸음 형태는 정자세의 바른 걸음이다.

관련하여 우리가 주의해야 할 사항은 발의 뒤꿈치로부터 발바닥 가운데 아치 부분 그리고 발가락의 세 부분으로 연결되는 걷기 동작에서 양 발바닥의 둥근 아치는 양발이 양쪽으로 대칭을 이루면서 몸을 굳건하게 접지하게 함과 동시에, 두 발과 무릎, 골반, 요추, 척추, 경추로 이어지는 몸의 근골격계 전체가 똑바로 서게 하는 그런 중요한 중심축(pivot) 기능을 한다. 발가락 부분은 걸을 때 땅을 끌어당김으로써 걷는 추동력을 확보하게 하는 엔진 기능을 하는 것이다.

요약하면 발뒤꿈치를 땅에 먼저 착지한 후, 양발의 아치를 중심축으로 하여 몸의 근골격계 전체를 똑바로 떠받친 후, 발바닥의 뒤에서 중간, 앞쪽의 발가락으로 힘을 이동한 후(황새처럼 걷기), 발가락의 엄지, 검지, 중지를 끌어당기면서 발가락이 마치 부챗살처럼 펴지는 형태의 걷기를 통해서 앞으로 나아가는 추동력을 얻는 걸음 형태(스탬프를 찍듯이 걷기)가 정자세의 걷기라 할 것이다. 즉, 황새처럼 걷는 걸음과 스탬프를 찍듯이 걷는 걸음을 결합한 정자세의 걸음 형태로 걷게 되면, 양발의 양쪽 바깥날로 뉘어서 걷는 잘못된 걸음 형태를 방지하고, 몸의 균형이 흐트러지고 안짱다리 등이 형성되는 오작동도 예방한다. 동시에 몸 전체의 근육과 신경계까지도 제대로 작동하도록 촉진하는 역할을 한다. 그 경우 근골격계 전체가 똑바로 서서 정자세로 걷는 아름다운 걷기 자세가 되고, 그것은 맨발로 걸을 때 그 구현이 가능하다.

발가락 힘과 아치(arch)의 균형 있는 착지로 전진한다

발의 아치가 바르게 형성되어야 몸의 근골격계가 제대로 구축된다. 무릎, 골반, 척추, 경추로 이어지는 몸의 근골격계가 똑바로 설 수 있으려면 발바닥의 아치가 바르게 형성되어야 가능하다는 이론이다. 실제 우리의 맨발걷기는 그러한 발바닥의 아치 형성을 뚜렷하게 만들어지도록 도와준다. 평발인 사람이라도 구두를 벗고 맨발로 걷게 되면, 자연스럽게 발바닥의 아치가 균형 있게 형성되어 나간다. 그리고 그렇게 발바닥의 아치를 바로 형성한다는 것은 몸의 근골격계가 똑바로 설 수 있도록 지지해 줄 뿐 아니라, 걸을 때 몸이 균형 있게 전진함과 동시에 근육과 골격이 제대로 기능하며 원활하게 작동하는 근간이 된다.

관련하여 「맨발걷기 숲길 힐링스쿨」의 연구 분야를 맡은 조병욱(남, 54세) 회원이 엄지, 검지, 중지 등 3발가락의 힘으로 걷는 것이 중요하다며 아래와 같은 글을 올렸다.

"걸으실 때 엄지, 검지, 중지(발가락이 지면에 닿는 순서)를 되뇌며 걸어보세요. 많은 분이 발바닥의 바깥날 쪽으로 힘을 많이 주고 걷습니다. 그래서 신발 밑창도 바깥쪽만 닳아버리고 무릎 및 허리 통증의 원인이 됩니다. 발가락의 힘과 신경이 살아서 힘차게 차고 나가면 온몸의 근육이 제대로 작동하고 걸음이 한결 편해집니다. 저는 발가락 힘을 키우면서 맨발 산행이 한결 편안해졌습니다. 오르막 내리막에서도 편하고 걸음이 빨라졌습니다."

저자도 조병욱 회원의 지적이 옳다고 본다. 발가락의 힘으로, 즉, 발가락으로 땅을 끌어당겨서 앞으로 나가는 추동력을 얻게 되면 몸이 똑바로 전진하는 바른길을 열어 가는 것이다. 그런데, 만약 발가락으로 땅을 끌어당기며 걷지 않고, 발의 오른쪽 날 부분이나 왼쪽 날 부분으로 걷게 되면 발바닥의 아치 쪽에 힘이 작용하지를 않는다.

따라서 근골격계 자체가 똑바로 서지를 않게 된다. 다시 말해, 그러한 걸음걸이를 일상화하면 발이 똑바로 서지를 않고 마치 안짱다리처럼 발의 안쪽이 바깥쪽으로 휘게 걷게 된다. 결과적으로 몸의 근골격계가 균형감을 상실하게 되는 이유이다. 그리고 동시에 앞으로 나가는 추진력을 제대로 얻지 못하기 때문에 걷는 힘 자체를 온몸 전체에 고르게 전달하지 못한다. 그런 의미에서 위 조병욱 회원의 견해는 매우 타당하다.

「맨발걷기 숲길 힐링스쿨」의 대모산 교육장에서 매주 토요일마다 7가지 걸음 형태를 연습하는 이유는 걸으면서 발바닥 부분의 지압효과를 극대화하려는 방편들이라고 설명한다. 그중에서 마지막으로 "스탬프를 찍듯이 걷는 걸음"이 바로 그렇게 발가락의 힘을 중시하고, 발가락 부분으로 마치 스탬프를 찍듯이 땅을 짚고, 이어서 땅을 끌어당기려는 시도이다. 그것은 발가락 쪽에 있는 목과 머리 쪽의 지압효과를 극대화하는 걸음이기도 하지만, 자연히 엄지와 검지, 중지에 차례로 힘을 주면서 걸으며 추동력을 얻기 위함이다.

그렇게 스탬프를 찍듯이 걸으면 발가락이 부챗살처럼 펴지고 땅을 끌어당기면서 발가락의 힘이 안정적으로 몸 전체에 고르게 전달된다. 동시에 발바닥의 아치 부분에도 제대로 힘을 전달하여 아치가 똑바로 자리 잡고 형성하도록 도와주는 효과를 가져온다. 그것은 궁극에는 몸의 근골격체계가 똑바로 서게 하는 든든한 근간을 구축하게 한다. 결과적으로 가장 아름다운 자세인 최적의 걸음 형태를 만드는 것이다.

결론은 발가락의 힘이 엄지, 검지, 중지 순으로 차례로 작동하도록 바르게 걸어야 한다. 즉, 스탬프를 찍듯이, 부챗살처럼 땅을 끌어당기며 바르게 걷는 것이, 결과적으로 발의 아름다운 아치 형성을 촉진한다. 더 나아가 몸의 근골격 체계가 똑바로 서게 하는 효과를 가져오는 것이다. 따라서 스탬프를 찍듯이 걷는 걸음은 사람의 보행 자세를 당당하고 아름답게 만들어 주는 최고의 걸음 형태일 뿐만 아니라 가장 효율적인 걸음걸이의 자세이다.

맨발걷기는 근골격계 전체가 똑바로 서서
정자세로 걷는 아름다운 걷기 자세를 지향한다.

NATURAL REFLEXOLOGY

| 제 7 장 |

겨울철의 맨발걷기

01 서릿발 숲길은 아픔이요, 기쁨이다 | 02 야생동물처럼 단련된 발바닥으로 겨울철 맨발걷기를 예비한다 | 03 치유력을 높이기 위한 겨울철 적응력과 실천력이 중요하다 | 04 눈 속 맨발걷기의 '300m vs 300m' 룰 | 05 겨울철 맨발걷기가 우리의 일상으로 들어오다

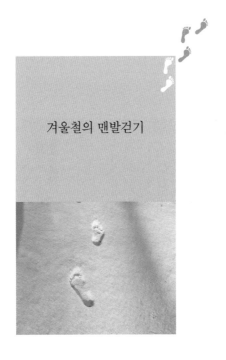

겨울철의 맨발걷기

서릿발 숲길은
아픔이요, 기쁨이다

　날씨가 영하권을 오르내린다. 간밤에 서리도 내렸다. 하얀 서리
가 숲길의 아침 녘 대지를 덮고 있다.

　하얀 서릿발이 내린 숲길을 맨발로 걷는 것은 고행이자, 기쁨이
다. 맨발을 통해 전해지는 서릿발 대지의 촉감이 결연하고 명쾌하
다. 숲길에 딱딱히 얼어붙은 모래알, 자갈, 잔 나뭇가지 등의 촉감
이 예사롭지 않다. 가는 걸음을 멈칫멈칫하게 할 만큼 그 감촉이
예리하다.

　그 걸음은 고행의 걸음이다. 하지만, 그만큼 대지의 기와 에너지
를 더욱 명징하게 전달한다. 날카롭게 일어선 서릿발은 마치 잠들
어 있는 이성을 소리쳐 깨우는 듯하다. 미망에서 헤어나지 못하는
자아의 정수리를 때리는 것 같다. 그래서 서릿발이 하얗게 뿌려진
아침 숲길을 맨발로 걷는 일은 흐릿한 자아를 깨우는 일이요, 덕

지덕지 앉은 문명의 때를 소스라치게 털어내는 일이다.

날숨을 쉴 때마다 하얗게 뿜어지는 입김에 욕심과 분노, 어리석음의 찌꺼기를 뱉어낸다. 그리고 서릿발처럼 명징해지는 자아의 거울을 들여다 본다. 그 안에는 순백의 기쁨으로 걷고 있는 내가 있다.

숲길은 다가오는 겨울 채비에 결연해지고 대지도 긴장하는 것이 역력하다. 스산해진 날씨에 몸은 잔뜩 웅크리고 있다. 수풀을 에워싸고 흐르는 대지의 기운도 차갑다. 얼마 전까지만 해도 숲길에서 쉽게 만날 수 있던 딱정벌레도 보이질 않는다. 지렁이, 달팽이, 개구리 모두 흔적을 감추었다. 벌써 각자의 생체리듬에 맞추어 겨울 채비와 동면에 들어간 것이다.

목청껏 노래하던 새들도 일시 숨을 죽이고 소리를 낮춘다. 그동안 숲길을 따르며 쫓아오던 다람쥐들도 오늘은 보이질 않는다. 숲길에 지천으로 떨어진 도토리를 물고서 부지런히 나무를 오르내리던 그들의 겨울 채비도 이제는 마무리가 되었나 보다. 예년의 그 모진 겨울도 눈보라도 이겨내었듯 이번의 겨울도 그들은 잘 이겨 낼 것이다.

자연의 순환 이치는 어김이 없다. 철이 바뀌고 그에 따라 생명이 나고 지는 단순하고 변치 않는 이치 말이다. 모진 겨울이 와서 잠시 호흡을 거둔 숲길의 모든 생명도 겨울을 무사히 나고 봄과 더불어 새로운 생명을 싹틔워낼 것이다.

우리의 삶도 그러한 자연의 이치를 크게 벗어나지 않는다. 그러한 자연의 이치에 순응하는 삶은 생명력으로 충만하리라는 믿음을 놓지 않는다. 우리 삶의 모진 겨울도 따스한 봄날을 잉태하고 있고, 살을 에는 모진 고통도 어느새 새로운 삶을 예비하고 있다. 맨발로 서릿발 숲길을 걸으며 그 소중한 깨달음에 기뻐한다.

야생동물처럼
단련된 발바닥으로
겨울철 맨발걷기를 예비한다

추운 계절이 다가오면서 우리 맨발로 숲길을 걷는 사람은 걱정
이다. 한 해 내내 맨발로 즐겁게 숲길을 걸었는데 이렇게 영하 10
도를 오르내리는 추위가 이어지니 맨발로 걷는 것이 당장 큰 부담
이 되고 있기 때문이다.

얼마 전 한 회원이 그 아쉬움을 글로 써서 올렸다.

"10월의 마지막 날의 가을이 너무 아쉬워서 앞으로 몇 번이나
맨발걷기를 할 수 있을까 하는 아쉬움에 오랜만에 양재천 논둑길
을 맨발로 걸었어요. … 팔팔 끓인 물을 보온병에 담아 가서 찬물
이랑 섞어서 세족하니 따뜻해서 추위에 고생해준 발에 덜 미안했
어요."

또 다른 한 회원은 추위에 단련된 자신의 모습을 대견스러워하
며 아래의 글을 올렸다.

"오후 네 시 경에 구룡산 중턱까지 맨발로 올라갔어요. 일 년 전을 되돌아보니 그때는 발이 엄청 시렸던 거로 기억하는데 지금은 이상하리 만치 너무 괜찮아 발이 둔해졌나 하는 생각이 듭니다. 열심히 맨발로 걸었더니 건강한 발이 되어서 그렇겠죠?"

그랬더니 다른 한 회원이 댓글을 달았다.

"발이 둔해진 게 아니라 야생동물처럼 추위에 단련되신 거예요. 저의 경험이거든요."

그렇다. 우리가 꾸준히 매일 맨발로 걸으면 발바닥은 곧 단단한 찰고무처럼 변한다. 수시로 굳은살의 각질을 제거하고 발 크림이나 바셀린 등을 바르고, 발바닥의 갈라진 곳에는 습윤 드레싱 창상 피복재를 붙이는 등 관리를 잘하면 발바닥은 웬만한 추위에도 내한성을 갖는 강인한 신축성과 힘을 갖는다.

간혹 TV를 보면 눈 덮인 산을 맨발로 오르는 사람도 있다. 그러나 우리의 경우 눈 덮인 산을 계속 맨발로 오르는 것은 무리다. 그래서 저자는 눈 덮인 길에서는 한 300m쯤 맨발로 걷고, 그다음에는 슬리퍼 등 신발을 신고 걷는다. 그렇게 300m쯤 걷는 것을 반복한다. 이러한 방법으로 하면, 충분히 눈 덮인 숲길도 맨발로 상당시간 걸을 수 있다. 그래서 겨울철에도 걱정하지 않는다.

사실 저자는 영하 15도까지 집 근처 숲길을 맨발로 걸었다. 눈 덮인 길을 걷는 방식대로, 한 300m쯤 맨발로 걷고, 그다음에는 슬리퍼 등 신발을 신고 또 한 300m쯤 걷는 것을 반복하였더니 충분히 영하 15도의 숲길에서도 맨발로 걸을 수 있었다. 영하 15도의 강추위 속에서 맨발로 걷고 나니까, 그다음 영하 13도나 영하 10도, 영하 7도 등은 아예 춥다는 생각이 들지 않았다. 오히려 왜 이렇게 따뜻할까 하는 생각이 들 정도였다.

한계상황에 대한 인간의 적응력이라는 것은 참 대단하다. 그래서 영하 10도를 오르내리는 추위에도 사실은 얼마든지 맨발로 걸을 수 있다. 더욱이 떨어진 낙엽들이 숲길을 가득 덮고 있어서, 그 낙엽들이 마치 부드러운 비단 이불처럼 사뭇 냉기를 차단해준다. 그리고 폭신함까지 선사하여 웬만한 추위는 이겨 낼 수 있는 완충 장치 역할을 해준다. 따라서 겨울철 혹한기라는 사실에 대해 공연히 심리적으로 지레 겁을 먹지 않았으면 한다.

또한, 두터운 수면 양말의 바닥 부분만 잘라 내서 신고 걸으면 발등은 따뜻하게 하면서 맨발로 걷는 효과를 충분히 살릴 수도 있다. 그리고 추울 경우, 손으로 발등과 발바닥을 수시로 문질러 주면, 그 마찰력으로 발이 따뜻해지기도 한다. 따라서 추운 겨울이 온다 해도 우리 스스로 새로운 환경에 적응력을 가지며 겨울에도 충분히 맨발로 걸을 수 있다.

그렇게 마음의 준비를 하면 겨울은 두려움의 대상이 아니라 이겨 낼 수 있는 또 다른 형태의 계절로 다가선다. 또 그렇게 마음을 먹으면, 추운 겨울철이라 하더라도 야생동물이 겨울을 나는 단련된 발바닥과 지혜를 닮아 겨울철에도 맨발로 걷는 특별한 즐거움과 건강함을 지속해 나갈 수 있게 될 것이다.

저자는 영하 12도 전후 날씨에서도 맨발로 10,000보 이상을 걷는다. 영하 15도의 강추위 속에서도 맨발로 걸었더니, 이제는 그 정도의 추위는 그리 크게 고통스럽다는 생각조차 들지 않는다. 혹한기 맨발걷기에서 자연스러운 적응의 결과이다. 따라서 누구나 마음만 먹으면 야생동물처럼 추위에 단련된 발바닥으로 겨울을 넉넉히 예비할 수 있게 될 것이다.

치유력을 높이기 위해
겨울철 적응력과 실천력이 중요하다

겨울다운 추위가 내습하여 영하 12도를 오르내린다. 우리처럼 맨발로 숲길을 걷는 사람에게는 가장 힘든 시기이다.

그래서 대부분 사람은 등산화를 다시 신거나 집 안에서 시간을 보내고 맨발로 숲길을 나서는 것을 꺼린다. 이 경우 그동안의 맨발걷기운동을 일시 중단함으로써, 숲길 맨발걷기의 치유 효과가 희석되거나 사라지지 않을까 그것이 걱정이다.

그래서 저자는 겨울철의 혹한기에도 맨발로 숲길을 걸을 수 있다는 사실을 보여 드리기 위하여 지난 며칠간 영하 12도를 오르내리는 강추위 속에서도 맨발로 숲길을 걸었다. 실제 첫날은 갑작스레 영하 10도를 오르내리니까 제법 힘들었지만, 다음날은 영하 12도까지 내려갔는데도, 이미 영하 10도를 경험하고 또 그를 이겨내었기에 별로 춥다는 느낌을 받지 않았다. 그리고 특별한 느낌 없이,

그냥 자연스럽게 일상생활처럼 맨발걷기를 지속했다. 추위에 이미 적응이 된 탓에, 추위 속 맨발걷기가 어떠한 별난 일이 아니라, 그냥 자연스럽게 하루하루 맨발의 일상이 지속되고 있는 것이다.

그러한 사실이 몇 분 다른 회원들의 추위 속 맨발걷기 동참으로 확인되었다. 당연히 박순기(남, 75세) 회원이 그 선두에 서 있다. 70대 중반의 연세에도 불구하고 추위에 아랑곳없이, 따스한 햇볕이 드는 오후 시간을 이용해 여전히 매일 대모산을 맨발로 오른다. 회원들에게 희망과 긍정 그리고 행복의 웃음을 계속 보내주신다. 그저 감사할 따름이다.

그런데 회원 중 몸이 제일 약하여 항상 걱정되는 전계숙(여, 62세) 회원이 추운 날 관악산을 맨발로 올랐다. 이것은 대단한 사건이다. 그 연약한 분이 남편의 외조를 받아 강추위에 관악산 숲길을 맨발로 오른 것이다. 그것은 그분의 맨발걷기에 대한 결연한 실천 의지와 믿음을 상징하는 사건이다.

또 권마산(남, 48세) 회원도 우면산을 맨발로 올랐다. 그 후 "시원합니다. 발은 좀 시럽지만, 몸과 마음은 후련합니다."라고 한 후, "하하하…. 이젠 발이 적응되어 계속하고 싶네요."라고까지 글을 남겼다. 모두 감사하고 고마운 일이다.

여러 사람의 이러한 노력은 건강함으로 또 치유의 경이로움으로 반드시 보상받을 것이다. 아니 즉각적으로 보상받게 된다. 우선 이미 추위 속 맨발걷기를 경험하였기에, 이제는 영하 10도 내외의 어떠한 추위에도 숲길에 나서는 것이 문제가 되지 않는 자신감을 가지게 되었다. 그것은 우리 인간이 모진 환경에 적응하는 힘이다. 실제 우리 인류의 조상은 과거 오랜 시간 추위에서 맨발로 살아왔다. 따라서 당연히 그러한 추위를 맨발로 이겨낼 수 있는 능력의 DNA를 가지고 태어났기에 더 그러하다.

왜 겨울철에도 숲길 맨발걷기를 계속해야 하는가? 그 이유와 필요성에 대해 잠시 부연 설명하겠다. 그간 「맨발걷기 숲길 힐링스쿨」의 회원 중, 성공적인 치유 사례는 대부분 매일 맨발걷기를 일정 기간, 통상 2개월 정도를 맨발로 거의 매일 계속 걸었을 때, 치유 효과가 두드러지게 나타났다. 앞서 이야기 한 만성두통과 족저근막염의 치유 사례가 그러하였고, 갑상선 암 종양의 치유 사례도 그렇다. 또 심방세동의 치유 사례도 거의 매일 대모산을 맨발로 걸으면서 그러한 효과가 생겼음이 확인되었고, 뇌졸중 후 왼쪽 반신마비의 치유 및 해소의 과정이나, 무릎 통증의 치유 과정, 유방암의 치유 과정도 대부분 마찬가지이다.

우리가 경험한 모든 치유 사례가 일정 기간, 즉, 약 2개월간, 거의 매일 맨발로 걸었기 때문에 그런 결과를 향유할 수 있게 된 것이다. 바로 "맨발걷기 2개월 치유"의 가설이다.

그런데, 겨울철 3~4개월을 맨발로 걷지 않으면 그러한 맨발걷기 치유 효과가 나타나지 않을 수도 있다. 그래서 유사한 질병이나 아픔을 가지고 있는 사람들은 겨울철에도, 가능하면 매일 조금씩이라도, 또, 잠시라도 숲길이나 주변 근린공원을 맨발로 걸음으로써 그 치유의 효과를 담보할 수 있어야 되겠다는 것이 저자의 생각이다.

눈 속 맨발걷기의
300m vs 300m 룰

   펄펄 함박눈이 내렸다. 우리 모두 진정 겨울의 한 가운데로 들어섰다. 그렇게 눈이 펑펑 쏟아지는 숲길을 맨발로 걸으면 몸과 마음이 산뜻해지고 청량감에 기쁘기 한량없다. 그러나 영하의 날씨이기에 조금 지나면 금방 발이 얼얼해진다. 자칫 동상의 위험도 있을 수 있다.

   한 회원이 눈 덮인 추운 숲길을 걷고는 "발이 꽁꽁 얼어 충분히는 못 했으나 오장육부는 시원합니다."하고 글을 써서 올렸다. 또 다른 회원은 무려 1시간이나 눈 덮인 숲길을 걷고는 "처음엔 발이 시리다가 조금 후 화끈화끈 열이 나서 걸을 만했어요."라고 후기를 올려주었다. 또 다른 회원도 눈 덮인 우면산을 맨발로 걸었다 한다. 다들 참 대단하다.

   이에 눈 덮인 숲길을 지혜롭게 맨발로 걷는 방법과 그 묘미와 이점에 대해 잠시 설명한다.

눈 덮인 숲길을 맨발로 걸을 때, 특히 영하의 날씨라면 슬리퍼를 신고 가서 300m vs 300m 룰을 따르도록 권하고 싶다. 300m 는 슬리퍼를 벗어들고 맨발로 걸으면서 눈길의 청량한 쾌감을 즐기고, 다음 300m는 들고 간 슬리퍼를 다시 신고 걸으며 그 따뜻함의 묘미를 즐겼으면 한다. 이 방법이라면 맨발이 얼어 동상이 걸릴 수 있는 위험을 피할 수 있다. 비록 고무 밑창으로 된 슬리퍼라도, 또 발바닥에 눈이 많이 묻은 상태에서 슬리퍼를 그대로 신더라도, 발바닥의 체온이 밖으로 빠져나가지를 않고 발바닥과 슬리퍼 바닥 사이에 따뜻한 물기로 남기 때문에 한 20~30m만 걷고 나면 금방 슬리퍼 속 발바닥이 따뜻해짐을 느낀다. 마치 발바닥이 집 안으로 들어온 듯한 그런 따뜻한 느낌이 드는 것이다.

그렇게 300m는 맨발로, 또 다음 300m는 슬리퍼를 신고 걷는 것을 반복하면 눈길에서 맨발로 장시간 걸을 수 있다. 맨발로 걸을 때의 청량감도 한 쾌감이지만, 그다음 슬리퍼를 신고 걸을 때 느껴지는 발바닥의 따뜻함 역시 또 하나의 쾌감이다. 얼얼할 정도의 차가운 눈의 청량한 촉감과 슬리퍼 속의 발바닥으로 느껴지는 따뜻함의 극명한 대조가 눈 덮인 숲길 맨발걷기의 또 다른 쾌감이자 묘미이다.

300m vs 300m 룰을 지키며 걸을 때 느껴지고 확인되는 또 다른 이점이 있다. 그것은 맨발로 걸을 때와 슬리퍼를 신고 걸을 때 발가락의 위치와 역할, 기능은 물론 몸의 직립 상태의 위치와 균

형이 현격하게 차이가 있음을 현장에서 확인할 수 있기 때문이다.

맨발로 걸을 때는 발바닥으로 땅을 어루만짐과 동시에 발가락이 부챗살처럼 펴지면서 땅을 끌어당기며 앞으로 나아가는 추동력을 확보하는 것이 확연하게 드러난다. 그런데 슬리퍼를 신는 순간 그 발가락은 부챗살처럼 펴지는 것이 아니라 슬리퍼 속에서 발가락이 오므라들어 버리는 그러한 상황이 됨을 확인할 수 있다. 다시 말해, 발가락의 엄지와 검지, 중지의 역할이 맨발로 걸을 때만큼 그렇게 쫙 펴지면서 작동하지 않는다.

또, 맨발로 걸을 때는 발바닥이 땅에 딱 붙어 착지하면서 발의 아치가 제대로 바로 선다. 즉, 양쪽 발의 아치가 땅을 굳건히 디디고 서면서 몸의 골격과 뼈대 전체가 똑바로 정위치 하면서 균형 있는 자세를 확보한다. 그런데 슬리퍼(또는 등산화 등 신발)를 신고 걷게 되면, 우선 슬리퍼의 바닥의 각도가 앞쪽은 낮고, 뒤쪽은 높아서 발바닥이 땅과 딱 붙는 평행을 이루지 못하고 앞으로 약간 기울어지며 걷는 형태가 된다. 자연히 몸의 골격과 뼈대가 똑바로 균형 있게 서지를 못하고, 미세하나마 앞으로 기우는 자세로 걷게 된다. 그렇게 300m vs 300m 룰을 지키며 걷기를 반복하면 맨발로 땅을 걸을 때와 슬리퍼(또는 등산화 등 신발)를 신고 걸을 때의 그 차이가 현격히 드러나는 것이다. 다시 말해, 맨발로 걷는 것이 얼마나 건강하고 균형 있는 바른 몸의 자세를 확보하게 되는지, 바로 현장에서의 슬리퍼(또는 등산화 등 신발)를 신을 때와 직접 대비하면서 스스로 뚜렷하게 느끼고 인지할 수 있다.

눈 덮인 숲길을 300m vs 300m 룰을 지키며 반복하여 걸으면, 맨발로 걷는 청량감 다음에 슬리퍼를 신고 눈밭을 걸을 때의 따뜻함까지 같이 누리는 호사를 경험할 수 있다. 동시에 왜 숲길을 맨발로 걸어야 하는지를 맨발로 걸을 때와 슬리퍼(또는 등산화 등 신발)를 신고 걸을 때의 발과 발가락의 부자연스러운 위치와 작동상황 등을 극명하게 비교, 확인할 수 있는 절호의 기회를 제공한다. 그 점에서 눈 덮인 숲길을 걸을 때의 300m vs 300m 룰은 여러 가지 면에서 유익하고 유용한 법칙이라 하겠다.

겨울철 맨발걷기가
우리의 일상으로 들어오다

영하 10도를 오르내리는 추위 속에서도 저자와 「맨발걷기 숲길 힐링스쿨」의 몇몇 회원이 맨발로 걸으며 겨울철에도 숲길을 맨발로 걸을 수 있다는 사실과 그로 인해 몸과 마음이 건강해진다는 사실을 보여주었다.

그 결과 이제는 더 많은 회원이 평소와 같이 숲길에 맨발로 나섰다. 이소명(여, 66세) 회원은 북한산 원효봉 바위산을 맨발로 정상까지 정복하는 장쾌한 쾌거를 보여주었다. 전계숙(여, 62세) 회원 내외는 멋진 모습으로 관악산 숲길을 맨발로 오르며 주변의 등산객들로부터 '위대한 부부'라는 칭호까지 받았다. 그리고 여느 때처럼 박순기(남, 75세) 회원은 물론 정연순(여, 72세) 회원, 조병욱(남, 54세) 회원도 대모산을 맨발로 올라 「맨발걷기 숲길 힐링스쿨」 현수막 앞에서 다정한 오누이처럼 멋진 사진을 올려주었다. 거기에

다 김현숙(여, 51세) 회원 내외는 거제도 바닷가 자갈길을 맨발로 걷고는 "발은 좀 시렸지만, 기분 최고~~이었어요"라고 전해 왔다.

저자의 집 근처에 사는 조옥순(여, 67세) 씨 내외도 영하 10도의 추위에서도 하루도 빠지 않고 맨발로 걷는다. 그분의 열정 또한 대단하다. 맨발걷기에 대한 믿음과 신념 때문에 그녀는 지금 맨발로 걸은 지 3~4개월 만에 반신마비가 거의 치유된 단계에 이르렀다. 이 겨울이 지나면 우리처럼 정상적인 걷기를 하는 멋진 모습을 우리 모두 같이 볼 수 있을 듯하다.

영하의 날씨 속에서도 각자 주변의 숲길에서 보여준 다양한 맨발걷기의 노력은 평소의 모습 그대로였다. 결과적으로 우리의 숲길 맨발걷기는 이제 추운 날씨와 상관없이 전천후로 일 년 내내 숲길을 맨발로 걸을 수 있는 새로운 가능성과 길을 열어주고 있다. 따라서 이제는 겨울철이 맨발로 걷는 우리에게 그렇게 큰 장애가 되거나 부담이 되지 않는다.

날씨가 추워도, 영하 10도 내외까지는 맨발로 걸을 수 있다는 사실을 우리가 모두 느끼고 또 확인했다. 이 추위 속에서 맨발로 걸어보니 걸을 만하다는 생각이 든 것이다. 그 결과는 몸과 마음이 개운하고 깨끗해진다는 느낌의 확인이다. '시원합니다. 몸과 마음이 후련합니다.' '이젠 발이 적응되어 계속하고 싶네요.'라거나 '발은 좀 시렸지만, 기분 최고이에요.'라는 반응 등이 그것이다.

강추위 속에서도 숲길을 맨발로 걸으면서 겨울철을 맞는 우리는 모두 겨울을 몸과 마음이 깨끗이 치유되는 계절로, 건강의 계절로, 그리고 행복의 계절로 승화시켜 나갈 수 있다는 믿음과 확신까지 이르게 되었다. 겨울철 맨발걷기가 우리의 일상으로 들어온 것이다. 참으로 기쁘고 감사한 일이다.

NATURAL REFLEXOLOGY

| 제8장 |

맨발걷기의 안전수칙과
사후관리 및 유념할 사항

맨발걷기의 안전수칙과
사후관리 및 유념할 사항

맨발걷기의
안전수칙 6가지

숲길 맨발걷기를 할 때마다 새로 맨발걷기를 시작하는 사람에게 관련 안전수칙에 관해 설명해 드리려 노력하지만, 진행하다 보면 매번 이야기하기가 쉽지 않다. 특히 비가 오는 산길을 맨발로 걷다 보면 미끄러질 수 있고, 행여 위험물을 발로 차는 등 위험이 있을 수 있어, 맨발로 걷는 사람의 안전을 위해 아래의 6가지 안전수칙을 제시한다.

아무쪼록 아래 안전수칙을 유념하여 치유와 힐링의 안전하고 건강한 숲길 맨발걷기를 즐길 수 있기를 바란다.

① 간단한 준비운동으로 근육과 관절을 풀어준다

맨발로 걷기 전 무릎과 허리, 가슴, 팔 등 온 몸을 부드럽게 풀어주는 체조를 반드시 한다. 맨발로 걷는 동안 몸의 각 관절과

뼈, 근육 등 신체 부위들이 잘 작동하여, 신체에 조금의 무리라도 가지 않도록 사전 대비하기 위함이다.

② 걸을 때는 항상 눈앞 1~2m의 지면을 응시한다

산길에는 간혹 밤송이가 떨어져 있어 우리와 같이 맨발로 걷는 사람에게는 즉각 피해야 할, 주의가 요구되는 위험물이다. 따라서 눈앞을 계속 응시하면서 밤송이나 뾰족한 나뭇가지 등 위험물을 잘 피해서 걷도록 한다.

③ 발걸음을 항상 똑바로, 수직으로 내딛도록 걷는다

발을 질질 끌거나 땅을 차면 땅 위의 돌출 물질에 발이 차여 통증을 느끼게 되거나, 상처가 날 가능성이 있다. 발걸음을 가능한 또박또박 걷는 느낌으로 걷는다.

④ 사람이 걷는 길 밖의 풀숲은 맨발로 들어가지 않는다

사람이 다니는 길이 아닌 풀숲은 절대 맨발로 들어가지 않도록 특히 주의를 필요로 한다. 길 밖의 길이 아닌 풀숲에는 눈에 보이지 않는 가시나 낡은 철조망 등 위험물이 있을 수 있기 때문이다.

⑤ 비탈진 경사면을 내려올 때 미끄러지지 않도록 주의한다

비가 오면 비탈진 경사면은 지극히 미끄러워 자칫 넘어질 염려가 있다. 가능한 비탈진 길은 피하고, 불가피한 경우에는 반드시 주변의 나뭇가지 등을 붙잡고 단단히 지지한 상태에서 내려와야 한다.

⑥ **파상풍 예방접종을 실시한다**

상처가 났을 경우, 병균이 침투할 수 있으니, 인근 병원이나 의원에서 파상풍 예방접종을 받기를 적극적으로 권장한다. 파상풍 예방접종은 한번 받으면 그 효과가 10년간 지속한다 하니, 반드시 받도록 한다.

맨발걷기 후의
발 관리

한겨울인 1월의 어느 하루, 20여 명이 넘는 회원들이 신년 인사 겸 만나 대모산을 맨발로 걸었다. 그것은 우리의 맨발걷기의 치유와 힐링의 효과에 대한 무한 신뢰와 확신의 의미가 있고, 겨울철에도 우리의 숲길 맨발걷기는 예외 없이 계속된다는 공동 결의의 표현이었다.

그런데 한 가지 짚고 넘어가야 할 점은 겨울철의 맨발걷기 이후, 사후관리가 평소보다 훨씬 더 중요하다는 점이다. 날씨가 건조하고 추우므로 발바닥의 각질들이 쉽게 갈라져 통증을 초래하는 경우가 많기 때문이다. 특히 매일 맨발로 걷는 사람일수록 발바닥이 이곳저곳 갈라질 확률이 매우 높다.

실제 위 신년 인사회에서 살펴본 참석자의 맨발 뒤꿈치에 일부 피부가 갈라진 모습을 볼 수 있었다. 얼마나 통증이 있을까 염려가 되었다. 그 날 참석은 못 하였더라도 여전히 겨울에도 맨발로 걷고 있는 다른 사람에게도 그러한 문제가 있으리라 생각되어 맨발걷기 후, 발 관리에 대해 잠시 설명하고자 한다.

맨발로 흙길, 모랫길, 자갈길 등을 걷기 시작하면 그동안 신발과 양말 속에서 약해진 발바닥에는 물집이 생길 수 있다. 그렇다고 해서 맨발걷기를 중단할 수 없기에, 물집이 잡힌 부위는 터뜨린 후 소염제와 연고를 바르고 일회용 밴드를 붙인다. 그리고 그곳에 붕대를 감으면 별다른 이상 없이 다시 맨발걷기를 즐길 수 있다. 그리고 맨발걷기가 끝날 때마다 상처 부위를 잘 씻고 약을 바르면 수일 후 상처는 저절로 아문다.

그렇게 지속적인 맨발걷기를 진행하면 이제는 발바닥에 굳은 각질이 생기기 시작한다. 특히 겨울철에는 그 정도가 더 심하다. 그리고 이를 잘못 관리하면 발바닥 이곳저곳이 갈라져 심한 통증을 유발한다. 저자는 그동안 미국에서 나온 발 크림(Flexitol Heel Balm)을 구해 매일 바르곤 하였는데, 추운 날씨에도 매일 걷다 보니 한 곳이 나으면 다른 데가 갈라지고, 또 다른 데가 갈라지는 등 상황이 간단치 않았다. 특히 일회용 밴드를 붙이고 나가면 들어와서 다 떼어내고, 발 크림을 바르고 다시 밴드를 붙이는 등 번거롭기 짝이 없었다.

그런데 얼마 전 추운 날 맨발로 걷던 조옥순(여, 67세) 씨 내외가 발바닥이 자꾸 갈라진다고 하면서, 잘라서 쓰는 상처치유용 습윤 드레싱, 국소 하이드로겔 창상 피복재(일명 인공 피부)를 약국에서 사서 붙인다며 추천했다. 즉시 약국에 가서 그 약을 구매하여 잘라서 갈라진 부위에 붙였더니 아주 편해졌다. 피복제를 붙이고 나니 걸을 때 우선 통증도 사라지고, 또 나가서 맨발로 걷고 들어와서도 뗄 필요 없이 나을 때까지 그대로 붙이고 있었더니 1~2일이 지나 갈라진 자리에 하얗게 피부가 새로 돋아났다. 달리 그 부위에 약이나 발 크림을 바르지 않아도 인공 피부에 모든 치료성분이 다 함유되어 있어 편하게 치료가 되었다. 이에, 발바닥 등 피부가 갈라지면 인공 피부를 사서 붙여 보시기 바란다.

그리고 평소의 맨발걷기 후, 다음과 같은 유의사항을 따라 맨발의 사후관리를 하면서 우리 자신의 아름다운 맨발에 대한 자신감을 고양했으면 한다.

맨발걷기가 끝난 후에는 발바닥을 깨끗이 씻고 가능하면 족욕까지 한 후, 발 크림이나 바셀린 등을 발라서 항시 수분을 유지해야 한다. 약국에 가면 일반적인 발의 거칠어진 피부나 갈라진 뒤꿈치에 바르는 연고를 구매할 수 있으니 수시로 사서 바르면 좋다.

그리고 일주일에 한 번 정도 각질 제거기를 이용해 각질을 제거함으로써 발바닥의 탄력을 유지하는 것이 좋다. 그것은 맨발걷기 시 발바닥과 지표면의 접촉 강도를 항상 적정 수준이 되도록 유지하며 선홍색의 건강한 발바닥을 유지할 수 있는 길이기도 하다. 각질 제거 후 깨끗해진 발바닥은 생고무 같은 탄력성을 갖고, 불그스레하게 화색이 돌아 새로 태어난 맨발의 아름다움을 느끼게 할 것이다.

맨발걷기와 발 관리로 건강해진 발은 이제 웬만한 자극에는 상처를 입지 않을 것이다. 우리는 신발을 신고도 종종 물집이 생기는 경우를 접한다. 하지만 신선한 공기와 맞닿아 건강해진 맨발은 신발보다도 더욱 더 안전한 발걸음을 인도한다.

이렇게 맨발에 대한 인식의 전환이 필요하다. 단순한 걷기의 수단에서 사유의 진원지로, 단순히 몸을 지지하는 도구에서 생명의 근간이자 원천으로 발에 대한 생각을 바꾸어 나가야 한다.

그럴 때 발은 구두 속에 갇혀 고약한 냄새가 나는 부끄러운 신체의 한 부위가 아니라, 누구에게나 내보이고 싶은 자랑스러운 발로 또 우리 신체의 건강의 상징으로 아름답게 재탄생한다.

맨발걷기는 무비용, 지상 최고의
명약 보약을 달여 먹는 것이다

앞서 인용한 전계숙(여, 62세) 회원이 어느 가을날 숲길을 걷는 그 무한의 행복감을 노래하였다.

"비 갠 숲속에선 한약 달이는 냄새가 난다. … 향긋한 허브향과 알지 못할 한약재 냄새가 난다. … 아! 온몸에 퍼진 맨발 독에 취해 오늘도 어제보다 커진 행복 품에 안겨 본다."

"작은 폭포 아래 가을 잔칫상 차려 놓는다. 통밀빵, 감자, 고구마, 밤, 대추, 포도, 복숭아, 배, 사과… 집에서는 어림없는 양인데 숲속에서는 바람 양념에 무치고 햇살 팬에 볶아서 솔잎 향 소스 찍어 냠냠 쩝쩝 다 먹는다. 우리 부부 체중이 요즘 조금씩 늘어난 이유다. 맨발의 행복이다."라며 "좀 전에 싹 쓸어 먹고 두유까지 마시고 숲길 30분 맨발로 걷고, 일광욕하러 산 위 바위에 올라왔는데 지금 또 뭔가가 자꾸 당겨요. 소화불량으로 고생해 온 저인

데 위가 튼튼해진 것 같아요."라고 했다.

맨발이 진정한 보약임을 참으로 맛깔난 언어로 정감있게 표현해 주었다.

그리고 지난 30여 년을 신경계통 약을 과다 복용하여 입 주변과 발바닥에 마비 현상까지 온 한 회원이 저자의 「맨발걷기 숲길 힐링 스쿨」에 합류한 지 3일째 되는 날, 대모산, 구룡산을 매일 맨발로 오른 후 몸에 나타난 극적인 변화들을 저자에게 전화로 전해 왔다.

소화가 되지 않아 며칠간 화장실도 가지 못하고 아침도 먹지 못했는데, 대모산을 맨발로 걸은 직후부터 되지 않던 소화가 잘 되면서 아침밥도 먹고, 화장실도 자주 찾는단다. 그리고 수개월째 소식이 없던 남성이 맨발로 걸은지, 2일째 되는 날 밤에 불끈 솟아올라 자신도 깜짝 놀랐다고 하였다.

혈액순환이 왕성해지고 있고, 몸의 각 기관이 정상적으로 작동하기 시작하였다는 즉각적인 징후들이었다.

그러자 한 회원이 "오늘 아침에는 보약을 한 제(劑) 얻어먹은 것과 같다."라고 공감을 표해 주었다.

그런데 겨우내 하루도 빠짐없이 매일 맨발로 계속 걷고 있는 조옥순(여, 67세) 씨도 집 근처 자갈 지압 보도에서 만났을 때 "맨발로 걸으니 너무나 좋아요. 맨발로 걷는 것이 한약을 먹는 것보다 더 큰 효과가 있습니다."라고 했다. 뇌출혈로 마비되었던 왼쪽 뺨, 목, 팔 그리고 다리까지 거의 다 풀리고 이제 거의 정상인에 가깝게 치유되자 그 엄청난 맨발걷기의 보약과 같은 효험을 이야기 한 것이다. 몇 달 전 처음 맨발로 걷기 시작할 때만 하더라도, 혼자서 절 뚝거리며 걷다가 넘어지기도 하고, 왼팔을 축 늘어뜨리고 걸었는데, 맨발로 걸은 지 3주 만에 마비되었던 왼발로 땅을 쾅쾅 차더니, 그 이후 이른 시일 안에 마비되었던 왼뺨, 왼 목, 왼팔의 마비가 차례로 풀려 내렸다. 그 치유의 진전은 가히 경이로울 정도였다. 이제는 왼팔을 자유자재로 돌릴 뿐만 아니라 집에서 이곳 자갈 지압 보도까지 근 1Km의 거리를 매일 뛰어서 오고 뛰어서 갈 정도로 치유된 놀라운 결과를 보여주고 있다.

조옥순 씨 사례는 그녀가 추운 겨울 날씨에 하루도 빼지 않고 맨발로 걷는 눈물겨운 치유의 집념을 보인 덕분이기도 하지만, 맨발걷기의 위대한 치유의 힘을 보여준 최고의 생생한 치유 사례이다. 그렇게 하루도 빼지 않고 열정적으로 맨발의 치유와 재활에 임하는 조옥순 씨에게 진심으로 감사를 드리고 또 치하 드리고 싶다.

관련하여 저자는 앞서 숲길 맨발걷기는 의학적인 처치와 상호 협치를 이룬다고 했다. 맨발로 걷는 것이 질병의 근원적인 예방과 함께 병원의 치료와 함께 몸을 보(補)하고 치유를 돕는 역할을 하기 때문이다. 만약 독자 여러분께 당장 어떤 신체적인 질병이 생기거나 통증이 있다면 우선 할 일은 병원을 찾는 일이다. 병원을 찾아 바른 의사를 만나 상의하고 의학적인 처방을 받아 치료에 들어가는 일이다.

그다음 숲길 맨발걷기는 독자 여러분의 몸을 보(補)하고, 근원적인 예방의 효과를 가지도록 돕는 것이다. 동시에 혹시 병원에서 다 이루지 못하는 몸을 보(補)하는 차원의 치유의 힘을 발휘하는 것이다.

실제, 숲길 맨발걷기는 앞서 여러 사례로 누누이 보여 드리고 설명해 드린 바와 같이, 사실 그러한 질병이나 통증이 생기지 않도록 예방하는 놀라운 힘을 가지고 있다. 지압(reflexology) 효과에 따른 혈액 순환 활성화와 그에 따른 면역체계의 강화가 그 첫 번째 예방 효과를 가져오는 일이다. 그리고 동시에 접지(earthing) 효과에 따라 활성산소가 제거됨으로써 암의 근원적인 예방 효과를 가져옴이 그 두 번째 예방 효과이다. 그리고 맨발로 접지(earthing)함에 따라, 땅속의 음전하를 띈 자유 전자(free electron)들이 몸속으로 올라와 적혈구의 제타 전위(zeta potential)를 올림에 따라 혈액의 점성(viscosity)이 낮추어짐과 동시에 혈류(velocity)가 빨라져 혈전의 생성을 예방할 뿐만 아니라, 그로써 심혈관질환과 뇌졸중이나 뇌출혈 등 치명적인 질병을 예방하는 것이 그러하다. 그것이 바로 숲길 맨발걷기가 갖는 마법과 같은 놀라운 예방의 힘이다.

이렇게 숲길 맨발걷기는 근원적이고 예방적인 역할과 상응한 치유 효과를 가져옴으로써 그 자체가 바로 보약과 같은 역할을 한다. 거기에다 우리의 숲길 맨발걷기는 돈 한 푼 들어가지 않는다. 비용 제로의 지상 최고의 보약인 것이다. 비용을 한 푼도 지불하지 않지만, 그 어떠한 보약보다도 더 많이 몸을 보(補)하고 치유하는 효과를 가져온다. 이것이 바로 앞서 쓴 바 조물주가 설계해 놓으신 우리 인간의 근원적인 생명의 작동원리이자 치유의 기제(mechanism)인 것이다.

그래서 숲길 맨발걷기는 무비용의 지상 최고의 명약 보약을 달여 먹는 것과 같다고 할 수 있다.

독자 여러분께서도 본서를 계기로 주변의 숲길을 맨발로 걸으시며 위와 같은 마법과 같은 예방과 치유의 힘을 가진 무비용의 지상 최고의 명약 보약을 꼭 달여 드시기 바란다.

맨발걷기는 어린이, 청장년은 물론
노인층까지 다양한 효익을 제공한다

숲길 맨발걷기는 성장기의 어린이들은 물론 한창 일하는 청장
년, 은퇴 후 노년에게까지 각각의 연령대 사람에게 경이로운 치유
와 힐링의 다양한 효익을 제공한다. 따라서 그에 상응한 각 연령
대에 적합한 국민건강 향상을 위한 다양한 사회적 노력이 추진되
어야 한다.

성장기 어린이들의 맨발걷기 효력

지난 2014년 일본의 한 유치원인 토리야마 슈퍼보육원에서 아
이들을 하루종일 맨발로 생활하며 맨발로 뛰놀게 하였더니 천식
이나 아토피피부염은 물론 뇌성마비 아이까지 건강하게 만들어

내는 기적을 보였다고 보도하였다. 그 아이들의 암기력이나 뇌의 성장속도가 다른 어린이들에 비해 월등하게 높아졌다고 하였다. 그곳 유치원을 졸업하는 아이들은 3세부터 7세에 졸업할 때까지 평균 2~3천권의 책을 읽는다고 하였다. 집중력이 일반아이들보다 훨씬 높아진다는 증거였다.

최근 대구 관천초등학교에서도 유사한 결과의 기사를 보도했다. 맨발로 운동장 흙길을 매일 40분을 걷게 하였더니, "공부가 더 잘 된다", "화가 덜 나고", "인사도 더 잘해요"라고 이야기하였다. 학생들 스스로 등교시간 앞당기고, 수업할 때는 집중력까지 높아져, 시행 두 달 만에 마법 같은 변화가 왔다고 모두들 놀라워하였다. 한 학부모는 "아이가 흉곽 기형이 있어 숨 쉬기가 불편해 학교생활에 의기소침해했다. 그러다 흙길을 매일 걸으면서 증상이 한결 나아지고 표정이 무척 밝아졌다"고 했고, 그 학교 이금녀 교장은 "흙길 맨발걷기는 학생들의 건강과 두뇌활성화, 학생들 속에 잠재해 있는 바른 인성을 일깨우는 모두를 살리는 참삶을 위한 교육"이라면서 "지금도 조금씩 효과가 나고 있지만 꾸준히 실천하면 반드시 작은 기적이 일어날 것이라고 확신한다"고 했다.

위의 내용은 모두 성장기의 어린이들에 대한 맨발걷기의 놀라운 효력을 뚜렷이 입증해 준 좋은 사례들이다.

청장년층의 맨발걷기 효력을 보여주는 상징적 사례

직장인 권마산(남, 48세) 씨는 한동안 건강을 자신해 왔다. 술자리도 즐겼다. 그러다 직장에서의 스트레스, 잘못된 식습관과 운동 부족 등으로 몸에 이상이 오기 시작하였다. 1~2년 사이 55kg의 몸무게가 갑자기 70kg으로 불어나고 혈당 수치가 135까지 올라갔다. 밤에 자다가 발에 경련(쥐)이 자주 발생하였다. 손, 발에 힘이 빠지기도 했다. 화가 나면 급격히 혈압이 올라가고, 스스로 참지 못하는 상태가 되었다. 과음한 어느 날 몸이 급격히 이상(마비)해짐을 느꼈다. 그렇게 찾은 신경과 전문의는 일과성 뇌허혈 장애(미니 뇌졸중)라고 일주일 입원을 권하였다. 그리고 콜레스테롤 수치가 높다고 고지혈증 치료제 위주의 약을 처방해 주었다.

그 이후, 다른 증상이 또 나타났다. 귀가 민감해져 아이들의 소리가 너무 크게 들리기 시작했다. 전철역의 공조기, 버스 엔진 소리가 쿵쾅쿵쾅 들렸고, 맥박 소리가 들리기 시작했다. 감각신경성 난청과 이명이 시작된 것이다. 양방, 한방 치료에도 불구하고 이명은 계속 심해져 갔다. 이명 스트레스로 두통이 왔다.

그러던 중 2018년 7월말 우연한 계기로 「맨발걷기 숲길 힐링 스쿨」의 2주년 공개강연 유튜브 영상을 보게 되었다. 그를 통해 맨발걷기의 효능을 확인하였다. 그 다음날 학교 운동장에 가서 약 4km를 맨발로 걸었다. 그리고 운동화를 신고 올랐던 우면산을 맨발로 걷기 시작하였다. 대모산을 찾아 저자를 만나 맨발걷기에 대한 설명도 듣고 같이 맨발로 걸었다.

그렇게 맨발걷기를 시작한지 한 달이 지나기 전에 두통이 사라졌다. 머리가 무거웠는데, 희한하게도 가벼워졌다. 거의 매일 새벽 우면산을 맨발로 오르면서 이명이 서서히 사라지는 것을 경험하였다. 과거 이명이 심했을 때가 강도가 10이었다면, 맨발로 걷기 시작한 후 1~2정도로 낮아지고 생활에 전혀 지장이 없게 되었다. 혈액순환이 잘 되어 다리에 경련이 나는 현상도 거의 없어졌다.

추운 겨울 눈 위에서도 걸었고, 학교운동장 등 공터에서 꾸준히 맨발걷기를 하였다. 봄이 오며 다시 우면산 새벽 맨발걷기를 계속하며 건강하고 행복한 하루를 열고 있다. 맨발걷기로 혈액순환이 확실히 개선되었고, 두통이 사라졌고, 이명이 개선되었다. 그는 맨발걷기가 혈액순환을 개선하고, 몸 속 활성산소를 제거하는 최고의 건강비결이라는 것을 확신하게 되었다. 그리고는 "맨발걷기 최고입니다. 맨발걷기 강추입니다."고 주위에 권하고 있다.

직장생활에서 오는 여러 스트레스와 과음 그리고 잘못된 약의 처방 등으로 비롯된 혈액순환의 장애, 두통 및 이명 등 여러 정신적·신체적 증상들이 맨발걷기로 개선되고 치유되었다는 사실에 맨발걷기의 경이로운 치유효과를 다시 확인한다. 바로 한창 사회생활을 해 나가는 사회 중진인 일꾼들의 건강한 직장생활과 성공을 담보하는 맨발걷기의 위대한 힘을 입증해 준 것이다. 직전 연말, 연초 연이어 들렸던 그의 업무 관련 협회장 최고상의 수상, 연봉 인상에 이어 임원으로의 승진 등 직장에서의 눈부신 성취의 결과는 맨발걷기의 또 다른 위력을 잘 입증해 보여 주었다.

　이러한 사례는 사회에서 한창 일할 나이의 우리 청장년들이 맨발걷기를 생활화할 경우, 그들의 건강에 대한 담보는 물론 직장이나 사회생활에서의 건강한 인간관계와 능률적인 일처리로 인한 성공까지 보증해 주리라는 사실을 시사한다. "맨발걷기 최고입니다. 맨발걷기 강추입니다."라고 권하는 그의 진정한 외침이 이 사회의 다른 수많은 청장년들에게도 전파되어 실천하는 계기가 되었으면 하는 바램이다.

노년기의 맨발걷기 효력

　황인수(여, 71세) 씨의 맨발걷기에 대한 치유의 증언은 맨발걷기가 얼마나 건강한 운동인지 그리고 우리의 노후를 얼마나 아름답게 만들어주는 무비용의 최고의 운동인지를 재확인시켜 준다.

　황인수 씨는 맨발로 걷고 나면 전혀 고단하지 않고 몸과 마음이 더 개운하고 가뿐해졌다. 마음이 불편하거나 울적할 때 숲길을 맨발로 나서면 금방 마음이 환히 개인다고 증언하고 있다. 그래서 매일 맨발걷기로 행복한 생활을 하고 있다는 것이다. 노년기 맨발걷기가 주는 에너지 재충전(reenergization)과 몸과 정신의 고양을 그대로 정확하게 증언해 주었다. 그것은 전에 한 회원이 "등산화를 신고 산을 갔다오면 피곤해서 2~3시간을 쉬었어야 했는데, 맨발로 걷고오면 바로 김치를 담아도 될 만큼 몸이 더 가뿐해진다"
는 증언과 그대로 일치한다. 그리고 한 회원이 맨발걷기의 이점을
"밥맛은 꿀맛, 잠은 단잠, 기분은 상쾌, 온 몸 가벼움은 깃털이다"
라고 정리하였음도 같은 맥락이다.

지난 겨울 내내 하루도 빠지지 않고 서오릉 주변을 맨발로 걸
은 그녀는 71세의 고령임에도 마치 새아씨 같은 곱고 단정한 모습
을 보여주고 있는 바, 그녀는 우리 맨발걷기가 회춘(rejuvenation)
의 묘약임을 그대로 보여주고 있다. 그래서 저자는 앞으로 그녀가
지금처럼 그대로 곱게 늙어가며 건강한 노후를 보내고, 죽음에 이
를 때도 깨끗하고 존엄한 모습으로 돌아가게 될 것이라 믿는다.

건강하게 살다 아름답게 죽음에 이르는 일, 그것은 우리 모두
의 꿈이자 로망이다.

위 각 연령층의 맨발걷기 치유의 사례들은 물론 본서에 서술된
각종 질병들의 치유의 증언들을 모두 돌이켜보면, 지금 저자와 함
께 「맨발걷기 숲길 힐링스쿨」의 회원들이 열어가고 있는 맨발 세
상은 우리 인간 전체가, 어린아이로부터 청장년, 노년에 이르기까
지 그 누구든 질병이나 스트레스 없이 건강하게 살아갈 수 있고
또 누구나 할 수 있는, 무비용의, 최고의 건강비법임을 시사해주
고 있다.

이에, 그러한 맨발걷기의 경이로운 치유와 힐링의 효익을 주변
에 알리고, 계몽하는데 우리 다같이 더욱더 노력해야 할 책임을

다시 한번 확인하게 된다. 따라서, ①교육계에서 일하시는 분들은 유치원, 초등학교, 중학교, 고등학교에 이르기까지 하루 일정 시간 맨발로 흙길의 운동장을 걷거나 뛰는 시간을 도입하여 어린 학생들이 건강하게 생활할 수 있는 여건을 마련해 주시길 바라고, 또 국가 전체적으로 ②청장년의 직장인들을 위한 맨발걷기 교육과 실천, ③은퇴 후 노년기의 노인들과 요양원, 요양병원 등에 입원해 있는 환자에 대한 체계적인 맨발걷기 프로그램의 도입과 시행 등 국민 건강향상을 위한 다양한 사회적 노력이 전개되는 계기가 되었으면 한다.

아무쪼록 본서 '두 달 안에 아픈 곳이 나아지는'《맨발걷기의 기적》의 출간을 계기로 누구나 병없이 건강하게 사는 맨발 세상, 누구에게나 널리 이익이 되는 맨발로 걷는 홍익세상의 큰 길이 열리길 간구한다.

금융인에서
맨발의 홍익인간으로

애초 금융인으로서의 저자의 평생의 꿈은 우리나라에도 제대로 된 글로벌 은행을 한번 만들어 보는 것이었다. 그래서 인생의 황금기 10여 년을 헝가리, 폴란드의 대평원을 말 달리며 현지 은행을 설립, 인수 및 경영하며 글로벌 금융제국을 건설하는 기초를 닦는 데 온 힘을 기울였다.

그리고 귀국하여 그 꿈에 바짝 다가섰다. 당시 전 고려대 총장이셨던 어윤대 회장의 부름을 받아 우리나라 최고의 금융회사의 최고전략책임자로 부임하는 영광을 안았기 때문이다. 당시 총 지휘관도 훌륭하셨지만, 같이 일하던 동료 임직원들도 참으로 훌륭했다. 제대로 된 전략이 수립되면, 질풍노도같이 뭉쳐 달렸다. 그 힘은 산을 깎고 강을 메울 정도의 거대한 힘이었다.

그룹 변화혁신 태스크포스 팀에 뭉친 95명의 자체 인력만의 힘으로 수많은 현안 과제를 단기간에 완수했다. 제반 경쟁력 강화 및 시너지 제고 방안 등 내부 체제의 정비에도 커다란 진전을 이루었다. 마치 거대한 군단이 일사불란하게 전진하는 모습이었다. 이제 남은 일은 중장기성장전략을 이행하기 위한 인수·합병을 이루는 일이었다.

하지만 여러 사정으로 그러한 성장전략 이행을 위한 개별 인수·합병 건들을 하나도 추진할 수 없었다. 연간 5~6천억 원의 이익을 가져오는 한 대형 비은행 금융사 인수의 건, 수조 원의 이익을 낼 수 있었던 또 다른 대형 금융사 인수의 건, 미국 한 교포 명문 은행의 경영권 인수의 건 그리고 마지막 보석과 같던 한 생명보험사의 인수의 건 등이 모두 그렇게 무산되었다.

이에, 그 추진 책임을 맡고 있던 저자의 충격은 필설로 헤아릴 수 없었다. 척추관협착증의 통증이 밀려오고, 갑작스러운 고관절의 통증 등 온몸에 비상한 위급 신호들이 켜졌다. 하지만, 그와 같은 위급 상황으로 인한 상상할 수 없는 고통과 스트레스를 버텨낼 수 있게 해 준 것은 본서에서 상술한 숲길 맨발걷기의 경이로운 치유력 덕분이었다.

그리고 그렇게 맨발로 숲길을 걸으며 어려운 상황을 넘어섰고, 자신보다 더 어려운 참담한 시련과 질병의 위협에 처한 수많은 사람에 대한 사랑과 연민을 키울 수 있었다. 그것은 하늘이 베풀어 주신 특별한 선물이자 또 다른 소명이었다.

이에, 이제는 금융인이 아닌 맨발인으로 다시 서려 한다. 숲길 맨발걷기의 그 경이로운 치유력을 세상에 전파하며 더 큰 홍익인간의 꿈을 펼쳐 나가고자 한다.

지난 2006년 《맨발로 걷는 즐거움》이라는 최초의 맨발걷기에 관한 책을 펴낸 것이 그 첫 번째 걸음이었다면, 10년이 지난 2016년 7월 30일 서울 강남의 대모산에 '무료 숲길 맨발걷기로의 초대' 프로그램인 「맨발걷기 숲길 힐링스쿨」을 개설한 것은 그 두 번째 걸음이었다. 그 이후 저자의 맨발걷기 프로그램에 참여한 적지 않은 수의 사람이 경이로운 치유의 기쁨을 증언해 주었고, 관련한 치유의 경험론적, 이론적 기반이 마련되었다.

2018년 12월에는 저자의 「맨발걷기 숲길 힐링스쿨」이 서울시에 '비영리 민간단체'로 등록되었고 최근 「맨발걷기 시민운동본부」로 확대 개편되었다. 좀 더 체계적으로 맨발걷기의 확산을 위한 조직과 체계를 갖추기 위함이다. 그로써 본서에서 서술한 맨발걷기에 따른 경이로운 질병의 치유 효과에 대한 의학적 검증과 함께 맨발걷기가 국민의 건강증진을 위한 과학적이고 효율적인 대안임을 입증하고, 그 확산을 위한 국민운동을 전개해 나가고자 한다. 궁극에 국민 개개인의 의료비 절감은 물론 국가의 건강보험 부담금 절감에도 크게 이바지하게 되리라는 믿음이다.

이제 맨발걷기 확산을 위한 저자의 활동이 앞으로 어떻게, 어떠한 규모로 전개될지는 아직은 알 수 없다. 다만, 분명한 것은 이 책에서 상술한 맨발걷기의 그 경이로운 치유력이 각종 암과 심혈관 질환, 당뇨병과 뇌졸중, 근골격계 질환은 물론 각종 심인성 질환과 우울증, 치매 등 치명적인 현대 문명병의 위협으로부터 사람들을 보호할 수 있는 무비용의 가장 단순하면서도 효율적인 대안임을 뚜렷하게 보여주고 있다.

본문에서 인용한 바와 같이 일부 미국의 심장전문의, 자연치유 의학자들과 전기기술자 등이 접지(earthing) 현상으로부터 비롯되는 치유의 이론적 근거의 일부를 검증하였지만, "맨발걷기를 통한 건강한 삶과 질병의 예방과 치유"라는 인류적 차원의 대승적 이슈를 본격적으로 주장하고 확산코자 하는 노력은 아마도 우리나라는 물론 전 세계적으로도 저자의 구상과 시도가 처음이 아닐까 싶다.

이에, 이제 금융인으로서의 꿈을 넘어 맨발로 홍익인간의 꿈과 세상을 열기 위해 길을 나서고자 한다. 시작은 미약하지만, 끝은 창대하리라는 꿈을 안고…

두달 안에 아픈 곳이 나아지는

맨발걷기의 기적

1판 1쇄 발행 | 2019년 04월 28일
1판 10쇄 발행 | 2023년 07월 31일

지은이 | 박동창
펴낸이 | 김경배
펴낸곳 | 시간여행
디자인 | 디자인[연:우]
등 록 | 제313-210-125호 (2010년 4월 28일)
주 소 | 경기도 고양시 덕양구 지도로 84, 5층 506호(토당동, 영빌딩)
전 화 | 070-4350-2269
이메일 | jisubala@hanmail.net

종 이 | 엔페이퍼
인 쇄 | 한영문화사

ISBN 979-11-85346-94-6 (03690)

* 이 책의 내용에 대한 재사용은 저작권자와 시간여행의 서면 동의를 받아야만 가능합니다.
* 잘못 만들어진 도서는 구입한 곳에서 바꾸어 드립니다.

이 도서의 국립중앙도서관 출판예정 도서목록(CIP)은 서지정보유통지원시스템 홈페이지
(http://seoji.nl.go.kr)와 국가자료 공동목록시스템(http://www.nl.go.kr/kolisnet)에서
이용하실 수 있습니다. (CIP제어번호: CIP2019014602)